너만의 명작을 그려라

• 일러두기
국내에 번역 출간되지 않은 외서는 원제를 이탤릭체로 표기하였습니다.

MAKE EACH DAY
YOUR MASTERPIECE

# 너만의
# 명작을
# 그려라

마이클 린버그 지음
유혜경 옮김

나는 왜 이 책을 썼는가, 그리고 젊은 벗이여, 당신이 이 책을 읽어야 하는 이유는 무엇인가!

젊은 시절, 나는 스스로에게 인생의 가장 중요한 질문 몇 가지를 해본 적이 있다. 어떻게 하면 이 짧고도 기적적인 삶을 가장 잘 살 수 있을까? 어떻게 하면 지금부터라도 가장 덜 후회스런 삶을 살 수 있을까?

L.A.에 살면서 상대적으로 부가가치가 높은 일을 하는 나는, 물질적인 잣대로 성공을 규정짓는 사람들을 많이 봐왔다. 그러나 아무리 많은 돈을 벌어도, 아무리 많은 것을 손에 넣어도 그들은 여전히 더 많은 것을 갖고 싶어하는 것 같았다.

그중에는 빚이나 스트레스에 시달리는 사람들도 있었고, 돈을 더 많이 벌기 위해 건강을 소진하는 사람들도 있었으며, 반면에 건강을 되찾기 위해 쌓아놓은 부를 소진하는 사람들도 있었다. 나는 이보다 더 성공적인 삶이 분명 있을 것이라는 생각으로 위대한 작가, 예술가, 철학자, 과학자 및 정신적인 지도자들이 이 문제에 관해 했던 말들을 찾기 시작했다.

그 후 몇 년 동안 나는 위대한 인생을 살다간 사람들을 다룬 수 백 권의 책을 읽으며, 그때마다 받은 감동을 메모하여 상자에 보관하였다. 그 상자는 삶을 명작으로 만드는 데 필요한 날카로운 직관과 실제적인 아이디어로 가득 찼다. 톨스토이, 간디, 에머슨, 소로, 아인슈타인, 테레사 수녀. 알베르트 슈바이처, 빅토르 프랭클, 헬렌 켈러, 마틴 루터 킹 목사. 그밖에 물질적인 성공 이상을 이룩했던 많은 사람들의 주옥같은 지혜는 내게 완전히 새로운 세계를 보여주었다. 그곳은 신선한 공기로 둘러싸여 아주 멀리서도 분명하게 보이는 산마루였다.

책을 쓰기 시작하자 그동안 하고 싶은 말들이 마구 떠오르기 시작했다. 그러면서 내가 발견한 생각들이 다른 사람에게도 도움이 될 거란 확신이 들었으며, 이를 공유하겠다는 사명이 생겨났다.

이렇게 해서 탄생한 책이 1990년과 1991년에 각각 출간된 *The Path with Heart*와 *The Gift of Giving*이다. 다행히 이 두 권의 책은 많은 사람들에게 감동을 주었고 언론과 일련의 베스트셀러 작가들의 찬사를 받았다. 그중에는 노만 빈센트 필, 랍비 해롤드 쿠쉬너, 스캇 펙 등이 있다. 그리고 마침내 이 두 권의 책을 한 권으로 묶어 누구나 쉽게 읽을 수 있는 책으로 만들자는 제안을 받았다. 제안을 받은 뒤 나는 기존의 내용을 하나로 묶음과 동시에 인생의 원리를 담고 있는 이야기와 우화를 상당 부분 추가하였다. 그렇게 해서 나온 결과물이 바로 지금 여러분이 읽고 있는 이 책, 《너만의 명작을 그려라》이다.

이 책은 어떻게 하면 우리들 각자가 이 세상에서 남들과 다른 삶을 살 것인가에 관한 책이다. 이 책은 탁월한 삶을 살았던 사람들의 보석같이 빛나는 말들을 현재로 옮겨 놓았다. 이 지혜늘은 당신이 정말 원하는 것은 무엇이며, 어떤 일을 하기 위해 태어났는지에 대한 해답은 물론, 당신의 목표와 꿈을 발견하는 데 필요한 놀라운 아이디어와 실제적인 전략을 가르쳐 준다.

쉬엄쉬엄 편하게 책장을 넘기면서, 잃어버렸거나 잊고 있었던 무언가를 당신이 발견할 수 있기를 바란다. 문득 찾아와 당신의 심금을 울리는 오랜 친구처럼 말이다. 또한 400개가 넘는 격언과 속담, 감동적인 이야기, 우화들을 당신만의 언어로 바꾸어, 일상의 삶으로 다시 돌아가더라도, 그 말들을 수시로 꺼내어 기억할 수 있기를 바란다.

이 책의 첫 장을 넘기기 시작한 당신은 아마도 자신의 인생을 특별한 무엇으로 만들어야겠다고 다짐한 사람일 것이다. 우선 당신이 특별한 인생을 만들 수 있다는 것을 의심하지 말기 바란다. 하루하루를 명작으로 만들어 간보면, 용기와 열정을 가지고 살면서 늘 최선을 다한다면, 당신의 인생은 하나뿐인 명작이 될 수 있다. 반 고흐, 르누아르 그리고 모네가 한 번에 한 획씩 그어가며 위대한 작품을 만들어냈듯이 당신도 삶을 명작으로 하나씩 하나씩 만들어 갈 수 있다. 설사 지금까지 살아온 방식이 만족스럽지 않다 해도, 당신의 그림이 온통 어둡고 혼란스런 색깔로 칠해져 있다 하더라도, 그 그림을 배경삼아 당신의 잠재력에 어울리는 밝고 화사한 색깔을 덧입힘으로써 명작을 그려나갈 수 있다.

젊은 벗이여! 당신이 그리는 그림은 비즈니스의 세계일 수도 있고 훌륭한 부모, 학생, 교사, 의사, 예술가, 작가, 발명가의 모습일 수도 있다. 나는 당신의 소명이 무엇인지 모르지만, 부디 이 책을 통해 그 소명을 발견하여 기쁨이 넘치는 삶을 살기를 바란다.

그리하여 벗이여, 당신의 여정에 하나님의 축복이 함께하길 빈다! 그분께서 고통의 시간, 도움의 손길이 필요한 시간에 당신을 안내하고 위로하고, 당신이 상상했던 삶을 살 수 있도록 당신에게 지혜와 용기와 믿음과 희망과 사랑을 주시기를!

《너만의 명작을 그려라》에는 빈센트 반 고흐의 명작들이 들어 있습니다.
고흐는 살아생전 단 한 점의 그림만 팔릴 정도로 인정받지 못한 화가 였습니다.
말년에는 정신병원에 입원하고 동생의 지원 없이는
살 수 없을 정도로 불우한 삶을 살았습니다.
하지만 그림에 대한 열정을 끊임 없이 불태우며 총 2,000여 점의 작품을 남겼습니다.
오늘날 이 그림들은 각종 기록을 갱신하며 값비싸게 팔리고 있습니다.
고흐에 대한 평가와 작품 세계도 고흐가 죽은 뒤에야 비로소 인정받고 있습니다.
지금 당장은 어렵고 힘든 처지여도 재능을 찾아 발견하고
스스로 치열하게 노력하는 사람은 언젠가는 반드시 성공할 것입니다.
고흐처럼 지독히 운이 없는 사람조차도
인류 역사상 가장 빛나는 화가가 될 수 있었습니다.
현세가 아니라도 사후에서 반드시 빛나게 됩니다.
혼란과 궁핍 속에서도 열정으로 명작을 남긴 고흐는 이러한 삶의 귀감이 됩니다.

《너만의 명작을 그려라》와 함께 당신의 삶도 반드시 '명작'이 되시기를 기원합니다.

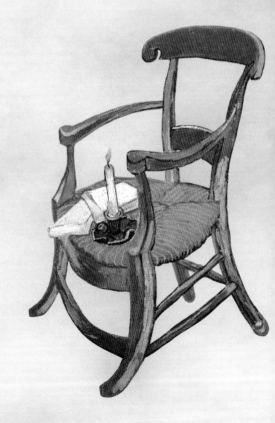

CONTENTS

## Part Two
## 장애물을 넘어

## Part Three
달콤한 도전

## Part Four
## 인내 그리고 기쁨

Part Five
삶의 평화

Part One

나의 달란트를 위해

# CHAPTER 1

# 달란트의 비유

달란트를 숨겨두지 말라.
달란트는 쓰기 위해 주어진 것이다.

벤자민 프랭클린(Benjamin Franklin)

마태복음에서 예수는 집 떠나는 한 부자의 이야기를 한다.

부자는 집을 떠나기에 앞서 종들을 불렀다. 그리고 그들의 능력에 맞게 각각 재산을 나누어주었다. 한 종에게는 다섯 달란트 (그 당시 은이나 화폐의 가치를 측정하는 수단)를, 다른 한 종에게는 두 달란트를, 나머지 한 종에게는 한 달란트를 각각 나누어주었다. 그리고 부자는 여행을 떠났다.

다섯 달란트를 받은 종은 그 돈으로 장사를 하여 다섯 달란트를 더 남겼다. 두 달란트를 받은 종 역시 장사를 하여 두 달란트를 더 남겼다. 그러나 한 달란트를 받은 종은 그 돈을 땅 속에 감추어두었다.

얼마 후 여행에서 돌아온 부자는 종들을 불러 셈을 치렀다. 다섯 달란트를 받았던 종이 먼저 다섯 달란트를 더 가지고 와서 말하였다.

주인님, 당신이 다섯 달란트를 주셨는데 제가 장사를 하여 다섯 달란트를 더 남겼습니다."

그러자 부자가 크게 기뻐하며 말했다. "잘하였구나! 네가 작은 일에 충성하였으니 내가 너에게 더 많은 것을 맡길 것이다. 이제 나와 함께 즐기자."

그 다음, 두 달란트를 받았던 종이 앞으로 나왔다.

주인님, 당신이 두 달란트를 주셨는데, 보십시오! 제가 두 달란트를 더 남겼습니다!"

부자는 몹시 기뻐하며 말했다.

잘하였구나! 착한 종아. 네가 작은 일에 충성하였으니 이제 내가 너에게 더 많은 것을 맡길 것이다. 그러니 와서 나와 함께 먹고 마시자."

마지막으로 한 달란트를 받았던 종이 앞으로 나와 말하였다.

주인님, 당신은 마음이 굳은 사람이라고 들었습니다. 주인님이 주신 돈을 잃을까 두려워 달란트를 땅 속에 감추어두었습니다. 보십시오. 여기 당신이 주신 한 달란트가 있습니다. 이것은 당신의 것이니, 이제 다시 받으시옵소서."

하지만 부자의 대답은 냉담했다.

너는 참으로 게으른 종이로구나. 내가 굳은 사람이라는 걸 네가 이미 알고 있었느냐? 그렇다면 너는 마땅히 내가 준 달란트를 이용해 이자를 남겼어야 하지 않느냐? 이제 저 종에게서 그 한 달란트를 빼앗아 열 달란트를 가진 자에게 주어라. '무릇 있는 자는 받아 풍족하게 되고, 없는 자는 그 있는 것까지 빼앗기리라.' 이 쓸모 없는 종을 바깥 어두운 데로 내쫓아라!"

이 달란트의 비유가 우리에게 주는 교훈을 생각해보자. 아마도 그것은 주어진 삶을 어떻게 살아야 하는가, 어떻게 해야 자신을 의미 있는 존재로 만들 것인가, 자아를 실현하는 방법은 무엇인가 등에 대한 가르침일 것이다.

많은 성경학자들은 이 비유를 '길 떠난 부자가 그랬던 것처럼 하나님께서도 우리 모두에게 각기 고유의 달란트와 능력(요즘 우리가 사용하는 '탤런트(Talent)'란 말은 성경에 나오는 이 '달란트'에서 유래되었다. _역자 주)을 주셨다'는 의미로 해석한다.

가치 있는 인생을 살기 위해서는 내게 주어진 특별한 능력을 사용하고 또 개발해야 한다. 여기서 내가 어떤 종류의 달란트를 얼마나 풍성히 받았느냐는 중요하지 않다. 위의 비유에서 보이는 것처럼 우리에게는 각자 다른 달란트가 주어졌다. 돌아온 부자가 중요하게 여긴 것도 '얼마나 많은 달란트를 이윤으로 남겼느냐가 아니라, 얼마나 사용하고 발전시켰느냐'였다.

달란트를 받아 놓고도 게으름을 피우거나 잃을까 두려운 나머지 다른 걱정거리와 함께 묻어 두기만 한다면, 그것은 자신의 삶에 충실하지 못했다는 증거일 것이다. 또한 자신에게 죄를 짓는 일이다.

아무것도 하지 않는 것보다는 노력하다가 잃는 쪽을 택하라! 우리가 해야 할 일은 지금 무엇인가를 선택하고 실천하는 것, 바로 그것이다.

경험을 통해 내가 직접 깨달은 바,
누구나 꿈을 이루기 위해 자신 있게 밀고 나가고,
원하는 삶을 살기 위해 열심히 노력하면,
언젠가는 뜻밖의 성공을 거두게 된다.
헨리 데이비드 소로(Henry David Thoreau)


숲을 걸었다. 길이 두 갈래로 갈라졌다.
나는 인적이 드문 길을 택했다.
그리고 모든 것이 달라졌다.
로버트 프로스트(Robert Frost)


하늘을 날고 싶은 충동이 느껴지는 순간,
누가 느릿느릿 걸어가고만 있겠는가!
헬렌 켈러(Helen Keller)


가장 진실한 지혜는 사랑하는 마음이다.
찰스 디킨스(Charles Dickens)


하느님은 나를 사용해 이 세상을 사랑하신다.
테레사 수녀(Mother Teresa)

# CHAPTER 2

# 당신의 하루하루를 걸작품으로

삶을 사는 방식에는 오직 두 가지가 있다.
하나는 모든 것을 기적이라고 믿는 것이고,
다른 하나는 기적은 없다고 믿는 것이다.

알베르트 아인슈타인(Albert Einstein)

모든 이에게 세상은 처음이다. 당신과 나, 우리 모두는 태어나 처음 울고, 처음 땅을 밟았으며, 처음 햇살을 맞이했다. 따라서 우리가 가진 힘과 에너지와 약속은 이전에도 없었고 이후에도 없을 단 하나의 보석이다. 당신과 똑같은 특성이나 잠재력을 가진 사람은 앞으로도 영원히 태어나지 않을 것이다. 그러한 꿈과 열망, 지혜와 경험을 가진, 그러한 기쁨 혹은 고통과 슬픔을 안고 태어난 존재는 오직 당신뿐이다.

여기에는 깊은 뜻이 담겨 있다. 당신만의 가치를 깨닫고 목표를 세운 다음, 오직 당신만이 할 수 있는 일로 세상에 기여하지 않는다면, 어느 누구도 그 일을 대신하지 못할 것이라는 사실이다. 하나님은 오직 당신에게만 그 능력을 주셨으므로 당신이 아니면 세상에 단 하나뿐인 노래는 영원히 사라지고 말 것이다. 오직 한 사람, 당신만이 만들어 낼 수 있는 아름다운 선율은 이 우주 어느 곳에서도 영원히 연주되지 않을 것이다.

월든(Walden)의 사상가 소로는 말했다. "인생은 짧고 다시 되돌릴 수도 없다. 하지만 우리는 삶의 순간순간마다 존재의 경이로움에 놀라며 삶의 의미를 맛볼 수 있다. 이 얼마나 알알이 소중한 시간들인가?"

기회는 딱 한 번 오고, 지나가면 영원히 잡을 수 없다. 그렇기에 삶의 매 순간이 나만의 특별한 재능과 능력을 발휘하고 발전시킬 수 있는 단 한 번의 기회이다. 또한 지금 내가 가진 것으로 현재의 위치에서 최선을 다할 수 있는 기회이며, 그래서 삶에게 감사와 믿음이라는 선물을 되돌려 줄 수 있는 기회이다.

사람은 각각 다른 스타일과 기질을 가지고 있으면서 그중 가장 좋은 것으로 자신의 주변을 아름답게 만들고 책임을 완수한다. 그리고 인간 관계를 형성해 간다. 바닥을 청소하는 일에서부터 담장을 고치는 일까지, 자녀를 보살피는 일에서부터 도움이 필요한 낯선 사람을 돕는 일까지…, 무슨 일을 하든 그 일은 도전적이고 소중하며 우리만이 가진 재능과 능력을 발휘할 수 있는 공간을 마련해 준다.

어디에서 무엇을 하든 우리는 맡은 일을 더 잘 할 수 있도록, 또한 탁월한 비전을 표현할 수 있도록 노력할 수 있다. 그로 인해 재능이 발전하며 우리의 모습은 더욱 진실되고 아름답고 소중해지는 것이다.

매일매일 우리가 하는 일과 우리가 맡은 책임은 사소하고 보잘것없어 보일 수도 있다. 하지만 그렇게 사소한 붓 놀림 하나하나가 모여 다채로운 색상과 훌륭한 질감이 숨쉬는, 살아 있는 캔버스를 만들며 궁극적으로는 우리의 삶을 최고의 걸작품으로 만들어주는 것이다.

사랑과 기술이 한데 어울리면, 걸작품이 탄생한다.
존 러스킨(John Ruskin)

이 세상에서 가장 훌륭한 질문은 바로 이것이다.
"내가 이 세상에 살면서 잘 할 수 있는 것은 무엇일까?"
벤자민 프랭클린(Benjamin Flanklin)

한결같은 친절은 세상을 아름답게 한다.
모든 비난을 해결한다.
얽힌 것을 풀고,
곤란한 일을 수월하게 하고,
암담한 것을 즐거움으로 바꾼다.
레프 톨스토이(Lev Tolstoy)

비록 좁고 구부러진 길일지라도
사랑과 존경을 받을 수 있는 길이라면 계속 걸어가라.
헨리 데이비드 소로(Henry David Thoreau)

주어진 삶을 살아라. 삶은 멋진 선물이다.
거기에 사소한 것은 아무것도 없다.
플로랜스 나이팅게일(Florence Nightingale)

CHAPTER 3
# 길이 안 보이거든
# 일단 주어진 일을 해 보라

하느님께서 당신을 어느 곳에 데려다 놓든,
그곳이 바로 당신이 있어야 할 곳이다.
중요한 것은 우리가 무엇을 하느냐가 아니라
그 일에 얼마나 많은 사랑을 쏟고 있느냐다.

테레사 수녀(Mother Teresa)

우리 중에는 인생의 소중한 시간들을 무엇으로 채워갈지 알
지 못하는 사람들도 있다. 어쩌면 딱히 개발할 만한 재능이 없다
고 생각할 수도, 다른 사람과 비교해서 스스로를 열등하거나 부
족하다고 생각할 수도 있다. 하지만 다른 사람을 배려할 마음만
있다면, 사소한 것이라도 소중히 여기는 마음만 있다면 누구나
다른 사람에게 줄 수 있는 무언가를 가지고 있다. 바로 여기에,
삶에 보다 큰 의미를 갖게 하고 우리 안에 있는 장점을 발견하고
개발하게 하는 열쇠가 숨겨져있다.

마틴 루터 킹은 이렇게 말했다. "누구든지 훌륭한 사람이 될 수 있다. 왜냐하면 누구나 봉사를 할 수 있기 때문이다. 봉사를 하는 데는 대학 졸업장이 필요 없다. 주어와 동사를 맞출 필요도, 플라톤과 아리스토텔레스를 알 필요도 없으며, 아인슈타인과 상대성이론을 알 필요도 없다. 오직 은혜가 충만한 마음만 있으면 된다. 사랑으로 거듭난 영혼만 있으면."

혹시 특별한 재능이나 달란트가 없다고 느껴질지라도, 아직 준비가 되어 있지 않거나 변화를 줄 만한 여력이 없다고 생각될지라도, 당신은 무언가 특별한 일을 할 수 있다.

당신이 믿는 종교의 성서를 펴놓고 용기와 실천의 본보기를 찾아보라. 만약 당신이 기독교인이라면 예수의 본보기인 성경을 펼쳐놓고, 가능하면 자주 스스로에게 다음과 같이 물어보라.

'예수님께서 내 입장이라면 어떻게 행동하셨을까?'

이 질문은 잠자던 당신을 일깨워 '평소에는 아무 생각 없이 지나쳐 버렸던 일'에 목적의식을 갖게 할 것이다.

중요한 것은, 당신이 선물로 받은 이 삶에서 무언가 특별한 일을 하겠다는 믿음과 희망을 늘 간직하는 것이다. 그리고 당신에게 도전과 기회가 올 때마다 항상 최선을 다하는 것이다.

랄프 왈도 에머슨은 다음과 같이 충고한다.

"의심과 두려움으로 인생을 헛되이 보내지 말라. 주어진 일에 최선을 다하는 것이 앞으로 다가올 시간을 가장 훌륭하게 준비하는 것이다."

주어진 일을 성실히 이행하고 하는 일마다 최선을 다하다 보면, 진정한 자신의 능력을 발견할 수 있다. 자신을 인식하고 자기만의 재능과 잠재력을 깨닫는 것은 자신을 반성하거나 해야할 일을 생각하고 있을 때가 아니라, 우리가 살고 있는 이 세상에 맞서 실제로 무언가를 행할 때 가능하다.

괴테는 이렇게 말했다. "우리 자신을 어떻게 알 수 있을까? 그것은 생각을 통해서가 아니라 행동을 통해서다. 자신에게 주어진 일을 해보라. 그러면 자신이 누구인지 금방 알게 된다."

설령 자신이 하고 싶은 일이 무엇인지 확신할 수 없다 할지라도, 적극적으로 행동하면서 일단 우리 앞에 주어진 기회를 최대한 활용하는 것이 최선의 방법이다. 그래야 스스로의 한계를 시험할 수 있으며 실수를 통해 교훈을 얻고, 또 우리의 진로를 수정할 수가 있다. 재능 또한 이러한 과정을 통해 겉으로 드러나게된다. 아울러 자신에게 주어진 일을 최선을 다해 수행하다 보면 자신도 모르게 더 많은 능력이 개발되는 것이다.

올바른 것을 찾기 전에
한참을 기다려야 할지라도,
설사 몇 번의 시도를 해야 할지라도,
용기만은 잃지 말라.
실망을 맞아들일 준비는 하되,
원하는 것을 포기하진 말라.
알베르트 슈바이처(Albert Schweitzer)

길을 잃는 것은 길을 찾는 한 가지 방법이다.
아프리카 스와힐리 속담

나는 유일한 사람이며,
그 사실은 변하지 않는다.
모든 것을 할 수는 없어도,
무언가는 할 수 있다.
헬렌 켈러(Helen Keller)

마치 능력의 한계가 없는 것처럼,
계속하여 앞으로 나아가는 것이 우리의 의무이다.
피에르 테야르 드 샤르댕(Pierre Teilhard de Chardin)

# CHAPTER 4

# 내가 이 세상에 줄
# 가장 가치 있는 선물

많은 사람들은 진정한 행복이 무엇인지 잘 모르고 있다.
행복은 자기 만족에서 얻어지는 것이 아니라,
가치 있는 일에 충실할 때 얻어지는 것이다.

헬렌 켈러(Helen Keller)

인생을 살면서 자신이 하고 싶은 일이 무엇인지 이미 확신을 가지고 있는 사람이 있는가 하면, 지금도 그것을 찾고 있는 사람이 있다.

우리는 우리 안에 진정으로 이루기를 원하는 한 가지 비전, 한 가지 목적을 각자 가지고 있다. 이 비전과 목적에 응하지 않는 한 우리의 삶은 결코 완성되지 못한다는 것을 스스로도 알고 있다. 용기 있게 결단 내리고 다수의 무리에서 뛰쳐나와 변화하지 않거나, 사람들의 기대가 아닌 우리 영혼의 요구에 따라 살지 않는다면, 우리 안에 있는 가장 소중하고 유일무이(唯一無二)한 그 부분은 절대 채워지지 않을 것이다.

시인 로버트 프로스트는 이렇게 말했다. "어떤 사람들은 사물을 있는 그대로 바라보면서 그것들이 왜 존재하느냐고 묻는다. 하지만 나는 지금까지 존재하지 않았던 사물들을 꿈꾸면서 그것들이 왜 존재하지 않느냐고 묻는다."

당신의 아이디어를 탄생시켜 키우고 정성을 쏟고, 조심스럽게 옷을 입혀 이 세상에 내보내는 것. 또 그 최선의 노력이 받아들여지지 않을 때조차도 그 아이디어를 사랑하는 것. 그것이 바로 당신이 가진 최고의 재능을 표현하는 방법일 것이다.

우리 각자에겐 특별한 기술이나 능력이 있다. 가령 가르치는 능력이나 남을 치료하고 간호하는 능력, 혹은 학문연구의 능력…. 재능을 발휘하고 내면의 요구에 부응하려면, 쉽고 즉각적인 보상을 포기해야 한다. 또 힘겨운 연구와 고된 단련의 세월을 보내야 한다. 극지방으로 탐험을 가거나 수많은 밤을 연구실에서 보내게 될지도 모른다. 다른 사람을 도우려는 마음을 갖다 보면 현재 가진 안락과 안정이 끝이 나고, 가난과 곤궁의 힘겨운 삶이 시작될지도 모른다.

다른 사람의 삶을 부유하게 만드는 일은 당신을 물질적으로 가난하게 만들 수도 있다. 하지만 세상을 변화시키면서 당신은 다른 종류의 부(富)를 얻게 될 것이다. 잃는 것은 조금이되 얻는 것은 많아질 것이다.

어떤 사람들은 회사나 조직에 들어가 공동의 목표를 추구하는 것이 자신의 재능과 능력에 맞는다고 생각한다. 아니면 IT, 방송, 출판, 항공 혹은 공공 서비스 분야에 관심이 있을 수도 있다. 고도로 전문화된 분야에 재능이 있거나 아니면 코디네이팅, 마케팅, 판매에 뛰어난 재능을 가지고 있을 수도 있다. 자신의 능력을 충분히 발휘하면서, 동시에 공동의 목표를 추구하고자 하는 사람들도 있다. 우리는 혼자일 때보다 함께 일하면서 더 많은 것을 이룰 수 있다. 이때 우리의 노래는 품위 있는 음악회가 되거나 웅장한 교향곡이 되기도 한다.

우리들 중에는 밭을 가는 팔에 사랑을 담아 정성스레 곡식을 거두고, 거둔 곡식을 또 빵으로 만들어 우리가 맛있게 먹도록 하는 것을 천직으로 삼는 사람들도 있다. 기술과 지식을 버무려 집, 도로, 다리, 배, 병원, 대학 등을 건설하여, 우리의 삶을 더 편하고 안락하고 풍요롭게 만드는 일을 좋아하는 사람들도 있다.

대부분의 사람들이 입을 모아 '그 일은 참으로 소중한 일이야' 라고 생각하는 한 가지가 있다. 바로 아이를 키우는 일이다.

아이를 사랑하고 돌보아 인생의 광채를 느끼게 하는 일, 수없이 많은 행복을 맛보게 하는 일, 용기·믿음·정직 그리고 친절의 덕을 가르치는 일, 그리하여 서로 얽히고설킨 인생에서 자신의 몫을 다할 수 있게 도와주는 일이다. 아이는 하나님이 주신 가장 훌륭한 선물이며, 아이를 키우는 일은 가장 엄숙하면서도 즐거운 작업이다.

예술에 뛰어난 사람들도 있다. 알렉산더 솔제니친은 노벨상 수상 연설에서 예술가들을 다음과 같이 묘사했다. '그들은 그 누구보다 민감하다. 그래서 인간이 이 세상에 끼치는 영향이 얼마나 아름다울 수도, 얼마나 흉포할 수도 있는 지를 증명해 준다.'

당신의 꿈이 화가, 배우, 작가, 무용가 혹은 음악가일 수도 있다. 예술을 위해 남은 인생을 걸고, 그 기간 동안 아름다움과 진리를 위해 희생할 각오가 되어 있을지도 모른다. 예술가의 인생은 창조와 모험과 스릴로 가득 차 있다. 그러나 그 길은 고독하며, 아무도 그를 기억하지 못할 수도 있다. 단지 그만의 세계로 끝나는 비극일수도 있다는 말이다.

라이너 마리아 릴케는《젊은 시인에게 보내는 편지*Letters to a Young Poet*》에서 다음과 같이 말했다.

"어쩌면 당신은 예술가가 천직이라는 것을 알게 될 것입니다. '예술가가 천직'이라는 사실을 깨닫는 순간부터, 세상이 나에게 어떤 보상을 줄 것인지를 생각하지 말아야 합니다. 그 길을 선택한 이상 어려움을 견뎌내야 하며, 또 자신에게 지워질 짐과 쏟아질 축복 또한 잘 감당해야 합니다. 바로 당신 스스로가 하나의 세계이기 때문입니다."

그리고 칼 융은 예술가가 자신의 재능을 개발하고 표현하는 과정에서 "사람들이 행복이라고 느끼는 인생의 크고 작은 가치들을 스스로 희생해야 한다"고 말했다.


우리가 어디에 살고 있든, 또 아이를 키우는 부모이든 아니든, 특별한 꿈을 추구할 자유와 의지를 가지고 있든 없든, 우리 모두는 자기만의 재능과 능력을 가지고 있다. 따라서 우리는 바로 그 재능과 능력을 발견하고 개발해야 한다. 또한 찾아서 표현해야 한다. 만약 당신이 만족한 삶을 살고자 한다면 말이다.

내면의 소리에 귀를 기울이면서 우리가 사랑하는 일을 하다보면 가장 숭고한 자질을 자연스럽게 발견하게 될 것이다. 그것이야말로 우리가 이 세상에 줄 수 있는 가장 가치 있는 선물이다.

하나님은 모든 곳에 다 계실 수가 없기 때문에
어머니를 만드셨다.
유대 속담

좋아하는 일을 직업으로 삼아라.
그럼 평생 동안 억지로 일할 필요가 없다.
중국 속담

나는 내 안의 내가 원하는 곳으로 걸어갈 것이다.
다른 안내자를 고르는 것은 정말 싫은 일이다.
에밀리 브론테(Emily Bronte)

음악가는 음악을 만들어야 하고,
화가는 그림을 그려야 하고,
시인은 시를 써야 한다.
진정한 마음의 평화를 얻고자 한다면
자신이 원하는 일을 해야 한다.
에이브러햄 매슬로(Abraham Maslow)

재능을 갖고 태어난 사람은
그 재능을 발휘하면서 가장 큰 행복을 느낀다.
괴테(Goethe)

# CHAPTER 5

# 폭풍의 언덕, 그 너머에는…

인생은 절망의 반대편에서 시작된다.

장 폴 사르트르(Jean Paul Sartre)

어떤 사람은 우리의 본성이 가지고 있는 가장 숭고하고 고상한 면에 적극적으로 다가서지 못하고 방관자로 서있기도 한다. 그러나 그것이 반드시 잘못된 것은 아니다. 앞으로 행진하고 싶지만 삶의 무자비함에 상처를 받은 나머지, 적어도 지금 이 순간만큼은 잠시 서서 침묵하고 싶을 수도 있다.

어쩌면 우리는 소중한 무언가(사랑하는 사람, 건강, 꿈 혹은 이상)를 잃어버린 다음에 찾아오는 끝없는 공허와 혼란스럽기 짝이 없는 진공상태를 채우려고 발버둥치고 있는지도 모른다. 아니면 배신을 당해 마음의 상처를 입고(누군가 아무 생각 없이 무자비하게, 아니면 뻔뻔스럽게 이기적인 목적을 위해 당신을 이용했다면) 자신의 의지와는 달리 도저히 앞으로 나아갈 수 없는지도 모른다.

이제 우리는 절망과 상실에 대해 얘기하고자 한다. 그 전에 알아둬야 할 것은, 절망과 상실은 시간과 인내심을 가지고 조금의 노력만 기울인다면 대부분 치료가 가능하다는 것이다.

누구에게나 상처받기 쉬운 약한 면이 있기 마련이다. 우리의 삶이 계속 바뀌어 가면서 상처에 약한 부분을 만들기도 한다. 그럼에도 불구하고 우리는 다시 삶을 누리고 꿈과 이상을 찾아 행진할 수 있게 될 것이다. 시간이 흐르면서 우리도 함께 변화되어 갈 것이다. 왜냐하면 시간은 일어나는 모든 것(절망과 상실)을 잠재우는 힘을 가졌기 때문이다.

괴테는 말했다. "하나님은 실망한 자를 일으켜 세우고, 약한 자를 돕는 수천 가지 방법을 알고 계신다. 때때로 우리의 모습은 겨울 들판에 서있는 앙상한 나무일 때도 있다. 그 황량한 모습을 바라보면서, 이듬해 봄이 오면 이 나뭇가지에 파란 싹이 나고 꽃이 피고 열매가 열릴 거라고 생각할 사람이 누가 있겠는가? 하지만 그것은 머지 않은 미래에 실제로 일어날 일이다."

전도서의 저자가 말한 대로,

모든 것에는 때가 있으며,

하늘 아래 모든 목적에는 그에 맞는 시기가 있다.

태어나는 시간과 죽는 시간,

심는 시간과 뿌리째 뽑히는 시간,

허물어지는 시간과 쌓아올리는 시간,

눈물을 흘리는 시간과 웃는 시간,

슬퍼하며 애도하는 시간과 기쁨으로 춤추는 시간….


만약 지금이 당신의 인생에서 무언가가 무너져 내리고 뿌리가 뽑혀져 나가는 애도와 슬픔의 시간이라면, 먼저 마음을 가라앉히고 인내심을 가지길…. 친구와 심하게 다툰 후에라도 그 친구를 결코 놓칠 수 없었던 때를 떠올려 보기를….

검은 구름이 걷히면 하늘이 여전히 그곳에서 파란 웃음을 짓고 있는 것처럼, 당신이 힘들어하는 폭풍의 언덕 그 너머에는, 당신을 돕기 위해 언제나 기다리는 어떤 존재가 있다. 당신은 그에게 위로와 조언을 구함으로써 희망과 용기를 다시 얻을 수 있으리라. 이런 면에서 달란트의 비유가 우리에게 주는 의미는 참으로 깊다. 우리가 믿음, 희망, 사랑, 인내, 친절한 마음, 용서, 참을성, 그 밖의 미덕을 더 많이 갖게 해달라고 적극적으로 원하고

갈망한다면, 정말로 원하는 것보다 몇 배 더 많은 것이 자신에게
주어진다는 것을 깨닫게 되리라. 진정한 기도, 진정한 소망은 정
말 이루어진다.


지금 이 순간 고통받고 있는 사람은, 당신 혼자가 아니다.

중국의 옛 속담에 나오는 다음의 이야기를 들어 보라.

한 여자가 성인(聖人)을 찾아가, 자신이 지금 처한 끔찍한 절
망에서 벗어나게 해달라고 부탁했다.

"저를 이 고통에서 벗어나게 해 주십시오."

성인(聖人)은 대답했다. "돌아가서 한 번도 슬픔을 겪어본 적
이 없는 집을 찾아 그 집에 있는 겨자씨를 구해 오시오. 그럼 그
겨자씨를 가지고 당신의 고통을 낫게 해주겠소."

그래서 여자는 그 고을에서 가장 크고 아름다운 집을 찾아갔
다. '분명 이 집에 사는 사람들은 슬픔을 한 번도 겪어본 적이 없
는 팔자가 늘어진 사람들일 거야.' 그녀는 이렇게 생각하며 문을
두드렸다. 그러자 한 노부부가 그녀를 맞이하러 나왔다.

"절 좀 도와주세요. 전 지금 한 번도 슬픔을 겪어본 적이 없는
집을 찾고 있어요. 이건 제게 중요한 일이랍니다."

"미안하오. 집을 잘못 찾아오셨소." 노부부가 대답했다. 그리
고 그들은 자신들에게 일어났던 끔찍한 사연을 털어놓기 시작했

다. 여자는 오히려 노부부를 위로하다보니 자신의 처지를 잠시 잊게 되었다.

　다시 밖으로 나온 그녀는 다시 다른 집을 찾아 나섰다. 오두막 집에 사는 가난한 사람들도 만나고 대궐 같은 집에 사는 부자들도 만나며 온 마을을 샅샅이 뒤지고 다녔다. 하지만 그녀가 들은 이야기라고는 모두 슬프고 절망스러운 이야기뿐이었다. 그럴 때마다 그녀는 지친 사람들을 위로하고, 슬퍼하는 사람들을 달래주었다. 그러는 동안 자신의 고통이 마치 먼 이야기처럼 느껴졌다. 그녀는 결국 겨자씨를 찾는 일이 자신의 인생에서 슬픔을 몰아내 주었음을 깨달았다.

시간은 모든 슬픔을 치유한다.

키케로(Cicero)


슬픔은 혼자 살그머니 오지 않고,
친구를 동반하여 한꺼번에 밀려온다.

윌리엄 셰익스피어(William Shakespeare)


나는 이 세상 아무 데도 갈 곳이 없어
좌절할 때가 한두 번이 아니었다.
그럴 때마다 내가 가진 지혜와
나에 관한 모든 것이 보잘것없어 보였다.

에이브러햄 링컨(Abraham Lincoln)


하느님은 도움이 필요할 때마다
언제나 우리의 도움이 되신다.
하느님은 언제나 즉각 간섭하신다.
이는 양의 문제가 아니라,
주어진 그 순간 무엇이 필요한가의 문제이다.

테레사 수녀(Mother Teresa)

# CHAPTER 6

# 아무도 가지 않는 길,
# 그 길을 처음 들어선 사람

반드시 이겨야 하는 건 아니지만,
진실할 필요는 있다.
반드시 성공해야 하는 건 아니지만,
소신을 가지고 살아야 할 필요는 있다.

에이브러햄 링컨(Abraham Lincoln)

많은 사람들은 지금이 인생에서 가장 힘든 시기라고 단정짓는다. 그리고 이렇게 중얼거리곤 한다. "이보다 더 힘들 순 없을 거야."

하지만, 어떤 순간이라도 새로운 꿈을 좇을 수 없을 만큼 힘든 시기란 거의 없다. 왜냐하면 가장 어렵고 힘든 때일수록 오히려 재능과 희망을 찾아낼 기회가 더 많기 때문이다.

물론 쉽지 않다. 우리가 재능과 새로운 희망과 용기를 찾고자 할 때는 그만큼 어려운 장애물이 놓이기 마련이니까. 미지의 것에 대한 두려움, '나 혼자 튀다가 뒤떨어지는 게 아닌가' 하는 망설임과 자책, 언제 닥쳐올지 모르는 실패에 대한 걱정, 주변 사람들을 실망시키지 않을까 하는 조바심, 당연한 행동에 따르라고 당신을 옭아매는 관습….

겨울날 난로가에서 사람들과 얘기를 나누다가, 혹은 봄날 오후 햇살을 맞으며 산책을 하다가, 우리는 스스로가 이루어 낼 수 있는 더 훌륭한 삶의 모습을 어렴풋이 떠올려본다. 자기에게만 들리는 작은 목소리로, 내가 이룰 꿈이나 이상을 속삭이고 그 꿈과 이상을 이루기 위해 보람된 인생을 살아보리라 다짐한다.

하지만 바로 그날 오후 혹은 그 다음 날, 우리의 비전은 온데간데없이 사라지고 당장 닥친 사소한 일에 얽매여 미래를 위한 여유는 저 멀리 달아나 버리고 만다. 이렇게 현실에 파묻혀 살다 보면, 우리의 꿈과 이상은 불확실이라는 베일에 가려지고, 때론 꿈과 이상을 좇는다는 것이 어리석게 느껴지기까지 한다.

바람이 가로지르는 낮은 골짜기와 언덕, 그리고 눈 덮인 정상은 우리가 가고 싶어하는 길이지만, 위험하고 험준해 보이기도 한다. 비록 아름다운 정상은 장관을 한눈에 바라보기에 좋지만, 그곳으로 향하는 길은 그야말로 위험하기 짝이 없다. 숲속에서 길을 잃을 수도 있고, 낭떠러지에서 떨어질 수도 있으며, 뜨거운 햇볕과 시야를 가리는 거센 비바람 그리고 피로를 견디지 못하고 중도에 쓰러질 수도 있다. 확실히 좋아 보이는 길이란, 가본 적이 있어서 덜 위험하게 느껴지는 길이다. 우리는 그 길을 택하려고만 한다.

우리가 쉽게 택하는 길에는 안개가 자욱이 끼어 있지만 찾는 사람이 많다. 그곳이 막다른 길인 줄도 모르고 많은 사람들이 남의 뒤를 따라 터벅터벅 걸어간다. 우리는 그저 앞사람이 하는 대로 따라하고 있을 뿐이다. 그것은 바로 위로, 안정, 돈, 권력, 쾌락을 좇는 일이다. 하지만 그것들은 많이 가지면 가질수록 목마름만 더해지고, 우리의 내면 깊숙한 곳은 늘 채워지지 않은 채로 공허함만 싸늘히 맴돌 뿐이다.

때때로 우리는 우리가 가진 재능으로 이상을 추구하기보다는, 현실적이고 확실해 보이는 성공을 얻으려고 한다. 돈으로 측정할 수 있는 성공에만 온통 관심이 쏠려 있거나, 도전적이고 보람된 오늘의 삶을 포기하고 편안하고 안락한 내일의 삶을 서둘러 좇기도 한다. 하지만 이런 목표들은 머지않아 사막의 신기루처럼 시야에서 사라져 버리고 만다.

성공과 행복은 어느날 갑자기 손에 넣으려고 해서 잡히는 것이 아니다. 자신의 소질을 꾸준히 그리고 충분히 발휘하고 자신의 능력을 계속하여 계발시킬 때 부수적으로 따라오는 것이다.

그러나 우리가 잘못된 길로 접어든다면 일상의 길을 가는 동안 세월은 흔적도 없이 사라져 버릴 것이다. 사방팔방에서 우리를 압박하는 쓸데없이 급한 일들에 휩싸인 채, 발전과 성취를 위한 우리 내면의 숭고한 목표와 엄청난 잠재력을 희생하면서 말이다. 시간이 갈수록 우리는 잊혀진 꿈과 재능과 이상에 대해 이야기하는 횟수가 줄어들 것이며, 우리의 이런 암묵적인 합의가 다른 사람들의 꿈과 재능과 이상을 잊어버리게 만들 수도 있다.

쇼펜하우어의 말처럼 삶은 꿈과 멀어질수록 지루하고 똑같은 일상의 반복으로 전락하고 만다. 흔히 세월은 피부에 주름을 남긴다고 하지만, 의욕과 열정과 이상을 상실하면 영혼에 주름이 생긴다. 결국 우리도 땅 속에 달란트를 숨겨두었던 하인처럼, 어둠의 세계에 던져지고 말 것이다.


우리는 많은 돈을 벌 수도, 화려한 외관과 소유물로 우리의 삶을 가득 채울 수도 있다. 하지만 우리의 내면에 남은 공허와 갈망은 어떻게든 없애기 어려울 것이다.

일단 편안하고 안락한 수준에 이르면, 인간은 천부적인 재능을 발휘할 수 있는 무언가를 추구하게 된다. 우리가 살고 있는 이 세상에서 스스로 가치 있는 존재라고 느끼게 해주는 무언가를 말이다. 만약 더 숭고한 목적을 위해 이를 실천한다면, 우리의 삶은 열정과 성장과 발견으로 가득 차게 될 것이다. 더불어 이 세상도 우리가 이룰 수 있는 것들로 가득 차게 될 것이다. 그곳에 잠시라도 지루할 틈이 있을까?

삶을 발전시키는 가장 큰 힘은
자신이 가진 가장 확실한 능력이다.
헨리 데이비드 소로(Henry David Thoreau)


당신이 태어난 이유를 찾아라.
무슨 사명을 이루기 위해 이곳에 왔는가?
하나님은 평범한 모든 사람들에게
자신의 목적을 달성할 수 있는 능력을 주셨다.
마틴 루터 킹(Martin Luther King, Jr.)


나는 신의 뜻이 어디에 있는지 알지 못한다.
신은 모든 인간에게 매일 그 자신을 드러내 보이지만,
우리는 '소리 없는 그의 목소리'에 귀를 기울이지 않는다.
마하트마 간디(Mahatma Gandhi)


기도하는 사람은
하느님의 은혜를 담을 수 있을 만큼
마음이 넓어진다.
테레사 수녀(Mother Teresa)


기도는…,
쓸데없는 오락이 아니다.
기도를 이해하고 적용하면
가장 강력한 행동의 도구가 된다.
마하트마 간디(Mahatma Gandhi)

CHAPTER 7
# 미션과 의미로 가득 찬 삶

여러분이 정말 불행하다고 느낄 때
세상에는 당신이 해야 할 일이 있다는 것을 떠올려라.
당신이 다른 사람의 고통을 덜어줄 수 있는 한,
삶은 헛되지 않다.

헬렌 켈러(Helen Keller)

마태복음의 달란트 비유에서 묘사된 재능과 능력의 극대화는 다른 위대한 종교, 철학, 현대심리학에서도 역시 중요하게 다루어지고 있다.

예를 들어 유대교는 하나님과 함께 자신의 계획을 완성하는 것을 가장 중요한 원칙으로 삼는다. 각 사람은 하나님이 맡기신 각자의 역할을 담당하는 것이다.

탈무드에는 이렇게 적혀 있다. "일을 완성하는 것은 순전히 너에게 달려 있는 것이 아니다. 그러나 그렇다고 그 일을 포기해서도 안 된다." 우리 모두는 이 일에서 우리만의 고유한 역할을 담당한다. 하나님이 하시는 일에 도구로 쓰인다는 것이다.

또 다른 구절에서는 다음과 같이 쓰여 있다. "나는 하나님의 피조물이며 내 이웃 역시 그의 피조물이다. 나는 도시에서 일을 하고 내 이웃은 들판에서 일을 한다. 우리 둘은 모두 일찍 일어나 일을 하러 나간다. 그가 내 일을 대신 할 수 없듯이, 나 역시 그의 일을 대신 할 수 없다. 어쩌면 당신은 '나에 비해 그는 아주 하찮은 일을 합니다'라고 말할지도 모른다. 하지만 우리의 영혼이 하나님을 향하고 있는 한, 중요한 일을 하건 하찮은 일을 하건 그것은 그다지 중요하지 않다는 것을 알아야 한다."

마틴 부버는 자신의 수필집에서 하시디즘(1759년경 폴란드에서 일어난 유대교의 한 종파 _역자 주)을 설파하면서, "각 사람의 가장 주된 임무는 자기만이 가지고 있는 유일무이한 잠재력을 실현하는 것이며, 더 위대한 일은 다른 사람이 이미 이룬 무언가를 반복하지 않는 일이다"라고 강조한다.

하시디즘에 의하면 우리는 재능을 통해서, 그리고 날마다 그 재능을 발휘하면서 하나님께 가까이 갈 수 있다. 하지만 모든 사람은 각기 다른 통로를 가지고 있다. 하나님은 "오직 이 길만이 내게로 오는 길이다"라고 말씀하시지 않고, "네가 어떤 길을 선택하든지, 그 길을 통해 내게로 오는 것이다"고 하셨다. 모든 사람은 자기 안에, 다른 사람에게는 없는 훌륭한 무언가를 가지고 있다. 이것은 그러나 내면의 깊은 곳을 뒤흔드는 강한 욕구를 느꼈을 때만 겉으로 드러난다.

이슬람교 역시 개개인의 유일무이함과 개성을 표현하는 것이 훌륭한 삶을 사는 한 가지 방법이라고 강조하고 있다.

"모든 사람에게는 목적이 있으며, 신은 각 사람으로 하여금 그 목적을 추구하도록 한다."

또 불교에서는 올바른 생활이, 삶의 고통을 극복하고 자기 자신의 속박에서 벗어나기 위해 밟아야 하는 여덟 개의 단계 중 첫 번째라고 말하고 있다.

"머릿속을 가득 메우고 있는 잡다한 생각들이 우리를 정반대의 방향으로 몰아가고 있다면, 우리는 성장할 수 없다."

염색공은 직업상 물감을 사용해야 하기 때문에 손이 늘 더럽혀지기 마련이다. 그러나 손이 매번 더럽혀진다고 해서 맡은 일을 게을리할 것인가? 그렇다면 그는 더 이상 염색공이 아니다.

사람은 자신의 올바른 위치를 알고 자기의 소명을 다해야 한다. 자신의 모든 정열을 쏟아부을 수 있고, 그동안 막혀있던 세계와 자신간의 틈을 메우겠다는 소명을 갖는 것이 중요하다. 여기서 올바른 위치란 물론 각 개인마다 다르다.

"당신의 일은 그 일에 전념함으로써 당신에게 꼭 맞는 일을 발견하는 과정이다"

불교와 마찬가지로 힌두교 역시 봉사와 희생 정신을 가지고 보람된 일을 하는 것이 중요함을 강조하고 있다. 특히 힌두교는 다른 여러 종교를 수용하고 있어, 사람은 누구나 자신의 종교를 통해 신을 알게 되고 영적 탐구를 한다는 사실을 인정하고 있다.

힌두교가 신에게 다가가는 길 중 하나라고 믿는 것은 바로 '카르마 요가(Karma Yoga)'이다. 카르마 요가는 신과 예배에 정신을 집중함으로써 자신에 대한 걱정에서 벗어날 수 있는 방법이다. 이렇게 함으로써 예배자는 평온해지며, 오직 현재의 일이, 그리고 최선을 다해 그 일에 집중하는 것 자체가 신에 대한 은혜라고 생각한다.

창조주만큼은 당신이 무언가에
최선을 다할 수 있다는 사실을 잘 알고 있다.

랄프 왈도 에머슨(Ralph Waldo Emerson)

사람의 능력에 한계는 없으며,
가장 높은 곳은 모두에게 열려 있다.
다만 최고가 될 수 있느냐는
당신의 선택에 달려 있다.

하시디즘(Hasidism)

옛날에 랍비 바에(Baer)가 자신의 스승에게 물었다.
"하나님께 헌신하는 방법을 가르쳐주십시오."
그러자 스승이 대답했다.
"네가 어떤 길을 선택해야 할지 나는 말해줄 수 없다.
너의 마음이 어느 길로 가고자 하는지 잘 들어보아라.
그리고 온 힘을 다해 그 길을 가라."

마틴 부버(Martin Buber)

다른 사람의 일을
성공적으로 완수하는 것보다
비록 불완전하더라도
자신의 일을 하는 것이 더 낫다.

바가바드 기타(The Bhagavad Gita)

# CHAPTER 8

# 이 세상에 쓸데없이
## 자리만 차지하고 있는 사람은 없다

> 그 일을 할 수 없다고 말했던 사람은
> 누군가 그 일을 할 때 방해하지 말아야 한다.
> 중국 속담

재능이나 능력을 발전시키는 일을 하찮게 생각하는 사람들이 있다. 하지만 앞서 말했듯이 종교나 철학에서는 스스로가 지니고 있는 재능을 극대화시킬 것을 누누이 강조하고 있다.

공자는, "어딜 가든지, 기꺼이 가라"고 말했다. 그의 제자인 맹자는 "자신이 가진 훌륭한 면을 따르는 사람은 훌륭하다. 보잘것없는 면을 따르는 사람은 보잘것없다"고 말하였다.

소크라테스와 마찬가지로 공자는 자신이 가르친 것을 몸소 실천하여 다른 사람들의 본보기가 되었다. 비록 생활은 궁핍하고 때로 사람들의 비난을 받기도 했지만, 공자는 자신의 이상과 원칙을 끝까지 버리지 않았다. "허기를 면할 음식과 마실 물, 베고 누울 팔만 있으면 나는 만족한다", "부당하게 얻은 부와 명예는 떠다니는 구름에 불과할 뿐이다"라고 그는 말했다.

아리스토텔레스는 재능을 계발하고 자신이 가진 최고의 잠재력을 발휘할 것을 강조한 최초의 철학자이다. 인간은 다른 동물과 마찬가지로 육체적인 욕구가 있으며 이를 충족시켜야 한다. 배고프면 먹고 싶어하고, 위험을 피해 안전한 곳에 머물고자 한다. 하지만 인간이 다른 동물과 구별되는 특별한 것은 바로 논리적으로 생각한다는 점이다. 따라서 우리가 만족스러운 삶을 살고자 한다면 이성적인 능력을 개발하고 실현해야 하는 것은 당연하다. 그렇지 않으면 우리의 삶은 여타의 동물들과 다를 바가 없을 것이기 때문이다.

그렇다고 행복해지기 위해서 누구나 철학자가 되어야 한다는 말은 아니다. 아리스토텔레스는 사람들마다 서로 다른 분야에 관심을 가지고 있다는 사실을 인정한다. 가령 누군가는 음악, 의학, 정치, 예술, 건축 혹은 그 밖의 모든 분야에 관심을 가질 수 있다. 중요한 것은 누구나 자신이 가장 많은 애정을 갖고 있는 특정한 한 분야에 특별히 깊이 매료되는 경향이 있다는 것이다.

최고의 결과는 깊은 매료에서부터 시작된다.

　미국의 철학자 랄프 왈도 에머슨 역시 특별한 관심이 가는, 기쁨을 주는 일을 추구하는 것이 중요함을 강조한다.

　"인생의 가장 가치 있는 보상, 즉 사람이 누릴 수 있는 최고의 행운은 좋아하는 취미를 가지는 것이며 그 안에서 일과 행복을 발견하는 것이다."

　에머슨은 《자기 신뢰 Self Reliance》라는 그의 수필에서, 원하는 것을 추구하며 자신만이 가지고 있는 유일무이한 재능과 타고난 능력을 개발하는 것이 중요하다고 강조한다. 그러면서 그는 남의 능력을 질투하는 것은 무지의 소산이라는 것, 모방은 자살 행위라는 것, 좋든 나쁘든 자신의 능력을 겸허하게 받아들여야 한다는 것, 비록 광활한 우주가 선한 일로 가득 찼을지라도 자신에게 주어진 땅을 땀 흘려 경작하지 않으면 잘 익은 낟알을 건질 수 없다는 것, 이 사실을 깨닫는 순간이 바로 배움의 순간이라는 것, 사람에게 내재된 능력은 그 깊이를 알 수 없을 만큼 풍부하다는 것, 그리고 그 잠재력을 시도해보기 전에는 자신이 무엇을 할 수 있는지 결코 장담할 수가 없다는 것을 덧붙였다.

　이 지구상에 쓸데없이 자리만 차지하고 있는 사람은 아무도 없다. 우리 모두는 어딘가에 쓰일 목적을 위해 창조되었다. 목적을 이루기 위해서는 '할 수 없다'는 생각을 마음에서 떨쳐버려야 한다. 비록 장애물이 그 앞을 가로막는다고 해도 말이다. 힘들어도 최선을 다해서 목적을 향해 노를 저어 나간다면, 다른 길을 가면서는 결코 맛볼 수 없는 기쁨과 환희를 가슴 가득히 느낄 수 있을것이다.

의심은 배신자이다.
의심은 시도할 마음조차 사라지게 만들어,
손에 넣을 수도 있었던 행복을 놓치게 한다.

윌리엄 셰익스피어(William Shakespeare)


방심하지 말라, 믿음 위에 굳게 서라,
용기를 가져라, 강건하라.
네가 하는 모든 일을 사랑으로 하라.

고린도전서 16장 13~14절(I Corinthians 16:13~14)


깊고 순수한 열망과
우리가 추구하는 삶의 목표가 서로 조화를 이룰 때,
우리의 삶은 강해질 것이며,
아름다운 멜로디가 울려 퍼질 것이다.

알베르트 슈바이처(Albert Schweitzer)


주여, 우리의 삶에 당신의 사랑이
가득 넘치게 하시고,
당신을 위해 우리가 버리는 시간과 노력을
계산하지 않게 하시며,
당신에게 주는 것이 너무 많고,
너무 힘들어 참을 수 없다고
생각하지 않게 하시옵소서.

성 이그나티우스 로욜라(St. Ignatius Loyola)

# CHAPTER 9

# 현재 위치에서
# 지금 가지고 있는 것으로

> 내가 당신의 일을 대신 할 수 없고,
> 당신이 내 일을 대신 할 수는 없지만,
> 나와 당신이 함께 하느님을 위해
> 무언가 아름다운 일을 할 수 있다.
>
> 테레사 수녀(Mother Teresa)

종교나 철학뿐만 아니라, 현대 심리학 역시 우리만이 가진 재능을 최대한 활용하기를 권하고 있다.

에이브러햄 매슬로는 평생 동안 '최고의 성취자'에 관해 연구한 심리학자였다. '최고의 성취자'란 재능과 능력을 점진적으로 실현하는 극히 소수의 사람들이다. 그러면서 그는 몇 가지 중요한 사실을 발견했다.

먼저 매슬로는, '보통 사람은 부족한 것(예를 들어 음식과 안전,

소유와 애정, 존경과 자존심)에서 동기 부여를 받지만, 정말 건강한 사람은 이런 욕구에는 부족함을 느끼지 않는다. 그 이상의 욕구를 갈망한다'고 믿었다. 즉, 최고의 성취자는 잠재력과 능력을 개발하고 실현하는 데 최선을 다한다는 것이다. 이들은 목적의식이나 사명감에 따라 소중하게 생각하는 가치를 실현하려고 노력한다.

매슬로는 이렇게 더 높은 욕구(사명감을 가지고 가치를 실현하는 일)가 기본적인 욕구만큼이나 우리의 행복을 위해 중요할 수 있다고 생각했다. 만약 그러한 욕구들을 무시한다면, 우리는 만족도 평화도 누릴 수가 없다. "만약 당신이 일부러 자신의 실제 능력보다 조금 모자라게 살고자 한다면, 당신은 불행한 인생을 살고 말 것이다. 그 이상의 가능성은 영원히 갖지 못한 채 짧은 인생을 마감하고 말 것이다"라고 그는 경고했다.

인간의 본성에 대해 연구한 또 다른 학자로 빅터 프랭클이 있다. 그는 끔찍한 아우슈비츠 수용소에서 살아남아 제2차 세계대전이 끝난 후 실존분석적 정신요법으로 알려진 심리치료 학교를 설립하였다.

프랭클은 한 사람의 가장 기본적인 동기는 프로이드의 주장처럼 쾌락도, 아들러가 생각했던 것처럼 권력에 대한 의지도 아닌, 바로 의미에 대한 의지라고 생각했다. 그는 '사람들이 가장 원하는 것, 목숨을 바쳐서라도 기꺼이 하려고 하는 것은 바로 의미 있는 삶을 사는 것이다. 사람들이 자신의 삶을 의미 있게 만들 수 있는 한 가지 방법은 일을 통해서이다. 일을 하며 자신의 의무와 책임을 완수할 때 비로소 그러한 삶이 가능하다'라는 결론에 이르렀다.

다시 말해 "사람은 이 광활한 우주에서 오직 자신에게만 할당된 운명 앞에 서있다. 그 운명은 절대 다시 오지 않는다. 사람은 누구나 각기 다른 잠재력을 가지고 있는데, 그 잠재력도 단 한 번밖에 주어지지 않는다"라고 프랭클은 말했다.

각 개인이 감당해야 할 운명은 그 사람이 가진 독특한 특성에 따라 달라진다. 그가 얼마나 큰 잠재력을 가지고 있느냐는 중요하지 않다. 중요한 것은 자신에 맞게 주어진 일을 얼마나 잘 수행하느냐 이다. 여기서 내가 다섯 달란트를 받았느냐, 한 달란트를 받았느냐는 중요하지 않다.

그는 또 성취 의욕은 어느 정도의 긴장 없이는 불가능하다고 주장했다. 긴장이란 이미 성취한 일과 아직 성취하지 못한 일 사이의 긴장이거나, 아니면 현재의 모습과 앞으로 되어야 할 모습

사이의 격차가 될 것이다.

그는 집단 수용소에서의 끔찍한 경험을 통해 이러한 긴장이 삶과 죽음의 경계를 결정할 수도 있다는 사실을 발견했다. "나치 수용소에서는 뭔가 기대할 만한 일이 있다고 믿는 사람들이 생존할 가능성이 컸다"라고 그는 말하였다.

니체는 "살아야 할 이유를 아는 사람은 어떠한 상황도 견딜 수 있다"라고 말한 바 있다. 프랭클은 특히 발진티푸스의 고열에 시달려 거의 죽을 뻔했던 순간에도 자신이 살아남을 수 있었던 이유는, 수용소에 수감되면서 나치에게 빼앗겼던 원고를 다시 쓰겠다는 욕구가 사라지지 않아 자신을 끊임없이 재촉했기 때문이라고 고백했다.

수많은 지혜의 목소리(작가, 사상가, 정신적 지도자들)는 우리만의 타고난 재능을 개발하고, 독특함과 개성을 표현하며, 우리의 일을 하나님과 우리가 살고 있는 세상에 대한 선물로 만들라고 조언하고 있다. 그럼에도 우리들은 왜 그런 말들을 대수롭지 않게 받아들이는 것일까? 우리의 위대한 잠재력이 숨어 있는 그리 멀지 않은 곳, 우리가 가장 원하는 꿈이 숨어 있는 미지의 땅. 그곳까지 우리는 닿을 수 있는데 어째서 단순히 해변가만을 어슬렁 거려야 한단 말인가? 얕은 물을 파헤치며 안전하게 닻을 내리는 데만 목적을 두어야 한다는 말인가? 아니면 부와 쾌락을 향해서 만 방향타를 고정시켜야 한다는 말인가?

지금 가지고 있는 것으로
현재의 위치에서 최선을 다하라.
시어도어 루스벨트(Theodore Roosevelt)


시를 쓰는 것만큼이나
밭에서 땅을 가는 일에도
숭고함이 깃들어 있다.
부커 워싱턴(Booker T. Washington)


우리가 사랑으로 할 수 있는 일은,
위대한 일이 아니라 사소한 일이다.
테레사 수녀(Mother Teresa)


사랑으로라면…,
당신은 모든 일을 잘 할 수 있다.
토마스 머튼(Thomas Merton)


나는 한 번도 정책이란 것을
세워본 적이 없다.
나는 다만 매일매일 최선으로 보이는 것을
하기 위해 노력했을 뿐이다.
에이브러햄 링컨(Abraham Lincoln)

# CHAPTER 10
## 성공의 비결,
## 아이들에게서 배워라

사람들은 자신이 인생을 더욱 찬란하게 만들 수 있다는 사실을 잘 알고 있다. 그럼에도 잠재력과 능력을 의심하거나, 자기 안에 거대하고 놀라운 미지의 세계가 숨어 있다는 것을 깨닫지 못하고 있다.

윌리엄 제임스는 이와 같은 사실을 다음과 같이 표현했다. "원래 우리의 모습과 비교한다면 우리는 겨우 반쯤만 깨어 있는 것이다. 우리의 불은 꺼져 있으며, 우리의 그림은 미완성으로 남아 있다. 우리가 그저 정신적·육체적 자원의 지극히 일부만을 사용하고 있을 뿐이다."

자신의 과거를 돌이켜보라. 재능이 능력으로 진화할 때는 언제인가? 바로 원하는 것을 얻기 위해 노력할 때이다. 위험을 무릅쓴 대가로 '발전'이라는 선물이 주어졌던 것이다. 현재 누리고 있는 당신의 능력과 기술은 기회를 놓치지 않으려는 용기와 미지의 잔을 조심스럽게 마셔보려는 지난 날의 용기에서 비롯된 것이다.

걷고, 말하고, 읽고, 쓰고, 이해하고, 다른 사람들과 어울리고, 실망과 좌절을 극복하는 법을 배우고, 음악·예술·문학·과학 혹은 운동 경기에 대한 관심을 발견하면서 달성하고 터득한 것은, 우리 자신의 한계를 뛰어넘겠다는 의지 덕분이다. 이 의지가 없이는 단 한 치도 더 자랄 수 없었을 것이다.

아이들은 끊임없이 새로운 것에 관심을 갖는다. 이는 자신의 한계를 시험해보려는 호기심 어린 아이들의 자연스러운 본성이다. 나이가 들수록 우리는 점점 실패를 두려워한다. 다른 사람에게 어리석게 보이거나 상처받는 것을 두려워한다. 이러한 사소한 삶의 비애와 좌절은 바위에 떨어지는 물방울처럼 우리의 능력을 좀먹는다.

주위를 둘러보자. 자신의 꿈을 이루기 위해 타고난 재능과 능력을 개발한 사람치고 상처받지 않은 사람이 있는지, 그들이 그 상처에 굴복하여 중도에 포기하고 말았는지….

놀라운 발견으로 인간의 생명을 구하기도 하고 우리가 사는 이 세계를 이해하도록 도와준 과학자들, 영혼을 일깨우고 살아 있다는 것을 감사하게 만드는 아름다운 노래와 시와 그림을 창조한 예술가들, 인간의 몸이 가진 놀라운 힘과 민첩성을 상기시켜주는 운동 선수들, 어려움들을 극복하고 세상에 없던 제품과 서비스를 선보이며 우리를 놀라게 하는 발명가들. 이런 사람들은 대부분 그들의 노력과 탁월함에 대한 보상을 받는다. 물리적, 재정적으로 뿐만 아니라 동료들로부터 인정받고 타인들로부터 존경 받는다.

그러나 더 중요한 것은, 내적 욕구에 진실하게 따르지 않는 이들에게는 없는 열정과 기쁨, 의미와 보람이 그들 안에 있다는 사실이다.

만약 당신이 남과 같다고 생각한다면
남이 당신과 같다는 생각을 잠깐 해 보라.

유대 속담


스스로 최고가 되지 않겠다고 말하면,
당신은 그 이상 영원히 넘어설 수 없을 것이다.

존 에프 케네디(John F. Kennedy)


힘은 뼈와 근육에서 나오는 것이 아니라,
불굴의 의지에서 나온다.

마하트마 간디(Mahatma Gandhi)


성공을 위해 가장 중요한 것은
꼭 성공하고 말겠다는 확고한 결심이다.

에이브러햄 링컨(Abraham Lincoln)


이 세상에서 누구와도 닮지 않은 자신이 된다는 것은,
가장 힘겨운 전투를 쉬지 않고 하는 것과 같다.

에드워드 에스틀린 커밍스(E. E. Cummings)

Part Two

장애물을 넘어

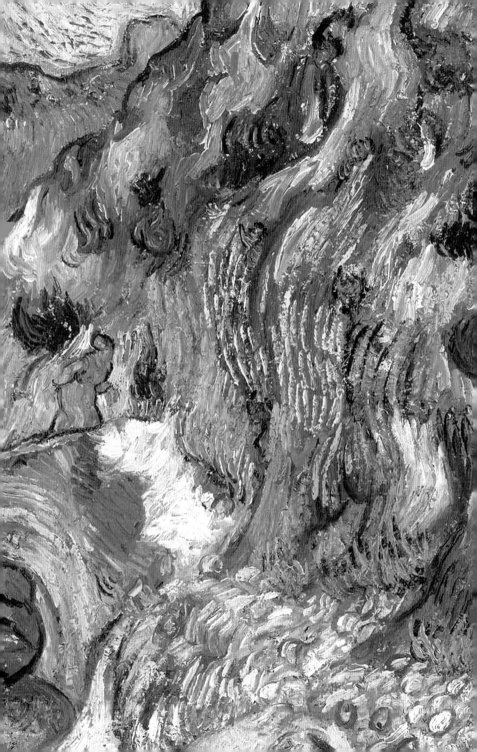

CHAPTER 11
# 누구나 건너기
# 힘든 강을 만난다

<blockquote>
삶은 당신이 만드는 것이다.

이전에도 그랬고, 앞으로도 그럴 것이다.

모제스 할머니(Grandma Moses)
</blockquote>

성공한 사람들은 누구나 처음부터 유리한 입장에 있었을 것이라고 우리는 쉽게 단정짓는다. 다른 사람에게는 없는 그들만의 수단과 기회를 가지고 있을 것이라고 지레짐작한다. 하지만 대부분 그렇지 않다.

찰스 디킨즈는 부모가 감옥에 가는 바람에, 열두 살에 학교를 그만두고 생계를 위해 구두약 공장에 다녔다.

모제스 할머니는 열 명의 자녀들을 키우며 농장에서 평생을 살다가, 일흔 여덟의 나이에 그림을 시작했다. 손가락에 관절염이 걸려 바늘을 더 이상 잡을 수 없었을 때였다. 모제스 할머니의 나이가 아흔 살이 되었을 때, 그녀의 그림이 비로소 알려지면서 전 세계인의 사랑을 받게 되었다.

에이브러햄 링컨은 오직 책 한 권을 빌리겠다는 일념으로 수 마일을 걸어갔다. '나는 공부하며 준비해나갈 것이다. 그러면 기회가 올 것이다.' 그는 늘 이렇게 다짐했다.

헬렌 켈러는 어렸을 때 시각과 청각을 잃었지만, 래드클리프 여자 대학(Radcliffe College: 1879년 창립된 미국의 여자대학으로 지금은 하버드 대학에 편입됨 _역자 주)을 졸업하고, 여러 권의 책을 쓰고 강연을 하며 만나는 사람들에게 용기와 희망을 주었다.

"삶은 모험을 빼면 아무것도 남지 않는다"고 그녀는 말했다.

위대한 인생을 사는 사람들의 길도 우리와 마찬가지로 고되다. 아무도 그들이 가는 길에 널브러진 돌들을 치워주지 않는다. 우리와 똑같이, 돌부리는 그들에게도 장애물이다.

모한다스 K. 간디는 인도의 독립을 위해 투쟁하는 동안 여러 차례 투옥되었고, 종파간의 파벌싸움으로 분단된 나라를 통일하려고 외롭고 힘겨운 싸움을 하다가 생을 마감했다. 인도 국민들은 그에게 '위대한 영혼'이라는 의미의 '마하트마' 칭호를 붙여주었다.

마틴 루터 킹은 수차례 협박을 받았으며(아내와 아이들을 포함하여), 집이 불에 타고, 불공정한 법에 항거했다는 이유로 19차례나 투옥되었다. 하지만 죽음에 대한 두려움 앞에서도 언제나 사랑과 믿음을 잃지 않았다.

알베르트 슈바이처는 대학 교수와 목사라는 안락한 삶을 버리고 의과대학에 입학하여 서른 여덟의 나이에 공부를 마치고 적도의 아프리카로 갔다. 거기서 그는 손수 숲을 거둬내고 병원을 지었다. 그리고 50년 이상 그곳 사람들을 위해 봉사했다. 그가 아니었다면, 간단하게 치료할 수 있는 병 때문에 수많은 이들이 고통받으며 죽었을 것이다.

테레사 수녀 역시 로레토 학교와 캘커타 수녀원에서의 비교적 안락한 삶을 포기하고, 서른 여덟의 나이에 무작정 세상으로 나갔다. 가난한 사람들을 위해 봉사하면서 하느님의 사랑을 행동으로 전파하라는 부름을 느꼈기 때문이었다. 그녀를 알고 지내던 사람들은 그녀의 그런 힘과 결단이 어디서 나오는지 모르겠다고 말했다. 그녀는 언제나 유순하고 연약해 보였기 때문이다.

이들 중에 특별히 유리한 조건을 가졌거나 쉬운 삶을 살았던 사람은 없었다. 오히려 투쟁 없이는 발전이 없으며, 불확실성이 없다면 성장도 없고, 실패를 무릅 쓰려는 의지가 없이는 승리도 없다는 것을 그들 자신의 삶을 통해 여실히 보여주고 있다. 그들의 내면에 있는 무언가가 지칠 때에는 힘이 되고 되돌아가고 싶을 때에는 한 발 더 내딛을 수 있는 용기를 주었다.

그들은 삶과 사람에 대한 사랑으로 가득 차 있었다. 하나님을 믿으며 그분이 주신 능력을 믿었다. 그들은 자신의 희생과 노력으로 이 세상이 바뀌기를 원했다. 그렇다고 찬사를 바란 것은 아니었다. 언제나 인내와 정성을 가지고 보이지도, 잘 드러나지도 않는 사랑을 퍼뜨렸던 것이다.

이들의 삶은 사랑과 믿음의 본보기이며, 우리에게 '역사에 발자취를 남기는 무언가 훌륭한 일을 할 수 있다'는 용기를 준다. 우리는 자신의 재능과 능력을 실현한 위인들과 불후의 재능으로 세상에 발자취를 남긴 사람들을 보며, 우리 역시 그만큼 훌륭하게 잘해낼 수 있으리라는 것을 깨닫게 된다. 내면 깊은 곳에 놓인 우리의 진리와 믿음이 이 세상의 거짓과 냉소로 훼손되지 않은 그곳에서 무언가 특별한 일을 할 수 있다는 것을 알게 된다. 꼭 거창한 일일 필요는 없다. 다만 현재 우리가 있는 이곳에서 지금 가지고 있는 것만으로, 자신을 최대한 발휘하여 무언가 가치 있는 선물을 이 세상에 내어놓을 수가 있는 것이다.

자신을 교육하고, 더 나아가 다가오는 기회를 준비하는 것은 어쩌면 우리의 의무인지도 모른다. 일과 사람들과의 관계를 통해 이 세상을 조금이나마 보다 안전하고 정직하고 애정 있는 곳으로 만들 수 있는 길이 있을지도 모른다. 어쩌면 우리가 도달하고자 하는 그런 삶을 이미 살고 있는 사람들도 있을 것이다('이런 사람은 마치 온 세상을 구하듯, 단 한 사람을 구하는 사람이다'라고 유대교의 현자들은 지적했다).

목적을 발견하고, 그 목적을 이루기 위해 노력하는 일은 우리의 삶에 의미와 만족을 준다. 이것이야말로 빠르고 얕은 성공만을 바라는 사람들은 절대 닿을 수 없는 진정한 행복이다.

신에게 헌신하고 싶은가?
그러면 사람에게 선을 베풀어라.

벤자민 프랭클린(Benjamin Franklin)


자신이 가진 힘을 아는 사람은 드물다.
땅에서와 마찬가지로
사람 안에도 주인이 알지 못하는 금광이
숨어 있을 때가 종종 있다.

조나단 스위프트(Jonathan Swift)


위대한 사람들의 삶은,
우리도 자신의 삶을 숭고하게 만들 수 있다는
자신감을 심어준다.
당신이 이곳을 떠나는 날,
당신 뒤에 역사의 발자취를 남겨라.

헨리 워즈워스 롱펠로(Henry Wadsworth Longfellow)


역사의 흐름을 바꿀 만큼 위대한 사람은 거의 없지만,
누구나 주변에서 일어나는 사소한 일들을 바꿀 수는 있다.
인간의 역사는 사소한 일늘을 바꾸는
수없이 많은 용기와 믿음에 의해 이루어져 간다.

로버트 케네디(Robert Kennedy)


인내심을 가지고 준비하면
자신이 원하는 명예를 얻을 수 있다.

장 드 라 브뤼에르(Jean de La Bruyere)

# CHAPTER 12
## 겨울 가면 봄이 오고

그 어느 것도 고민하지 말라.
그 어느 것에도 방해받지 말라.
모든 것은 지나가도, 오직 하느님만은 남으신다.
아빌라의 성 테레사(St. Theresa of Avila)

이따금 지금 하루하루가 괴로워 도저히 앞으로 나아갈 수 없는 사람들이 있다. 그들은 혼란과 좌절에 휩싸여 비틀거린다. 에너지는 사라지고 급기야 탈진하고 만다. 보다 훌륭한 일을 하라고 부추기는 '소리 없는 작은 목소리'는 이제 고통에 파묻혀 들리지도 않는다.

어쩌면 우리는 좌절이나 개인적인 슬픔을 항상 견디며 살고 있는 지도 모른다. 사랑하는 사람의 죽음, 실패로 끝난 인간관계, 부실한 건강, 실직, 꿈과 이상의 상실 등이 바로 그것이다.

마음의 고통을 겪고 있으면서 잠재력을 계발하려는 생각을 하기란 쉽지 않다. 이때는 다만 일상적인 삶의 요구에 간신히 부응할 수 있을 뿐이다. 마치 얼어붙은 황량한 벌판에 서서 얼어죽지 않기 위해 필사적으로 몸을 움직이거나 캠프를 세우려고 안간힘을 쓰고 있는 것처럼, 그러한 절망적인 상황에서는 따스한 해가 또다시 떠올라 얼어붙은 벌판을 녹여주리라는 생각을 하지 못한다. 그러면서 위기가 닥치기 이전의 자신을 쓸쓸히 떠올린다. '그때만 해도 나에 대한 확신으로 충만했어. 열정과 목적의식도 가득했었지'라고 말이다.

이런 소중한 것들을 다시 얻을 수 있을까? 온몸이 얼어붙듯 꼼짝할 수 없는 이 무기력을 극복하고 다시금 깊이 느끼며 사랑할 수 있을까? 이전에 가지고 있던 믿음과 에너지를 다시 찾을 수 있을까?

대답은 '그렇다'이다. 우리는 할 수 있다. 다만 끝없는 인내와 차분한 노력과 우리의 고통을 함께 등에 지면서 우리에게 용기를 주고자 하는 사람들의 도움이 필요할 뿐. 그 역할을 담당할 사람들은 가족과 친구, 성직자, 동료들이다.

모든 것에는 때가 있으며, 다른 것들과 마찬가지로 상처를 치유하는 일 또한 때를 놓치면 안 된다. 하루가 가고, 한 주가 가고, 한 달이 지난다고 눈에 띄게 나아지는 것은 없다. 잃어버린 것을 다시 찾고 무너진 것을 다시 세우는 일만이 우리를 치유할 수 있다.

뉴욕의 메모리얼 슬로언 케터링 암 센터의 목사로 재직하면서 많은 사람들에게 상담을 해주었던 랍비 크라우스는 *Why Me?* 라는 그의 저서에서 감동적인 우화를 소개하 고 있다.

어느 날 두 나무꾼이 뿌리를 내린 지 백 년이 넘은 나무를 자르고 있었다. 나무를 자르자 나이테가 보였다. 젊은 나무꾼은 다섯 개의 나이테가 거의 붙어 있는 것을 발견하고는 "5년 동안 가뭄이 들었던 모양입니다"라고 쉽게 결론을 내렸다. 나이테가 붙어 있는 이유는 나무가 그만큼 자라지 않았기 때문이라는 사실을 알고 있었기 때문이다. 그렇지만 나이 많은 현명한 나무꾼은 젊은 나무꾼의 말에 동의하면서도 그와는 다른 관점 하나를 말하였다.

"가물었던 해는 실제로 그 나무의 생명에 가장 중요한 시기였네. 가뭄 때문에 그 나무는 땅 속으로 뿌리를 더 깊이 내려야만 했겠지. 그래야 필요한 수분과 영양소를 얻을 수 있으니까. 그리고 가뭄이 끝나고 나무는 튼튼해진 뿌리 덕분에 더 크고 더 빠르게 성장할 수 있었을 것이네."

힘들고 어려운 시간이야말로 우리가 좌절과 슬픔을 극복하고, 내적으로 성장할 수 있는 기회이다. 우리가 겪고 있는 고통을 말이나 글로 적절히 묘사할 수가 있을까? 감정적이고 정신적인 고통은 육체적 고통만큼이나 실제적이고 힘겨운 것일 수도 있다. 의사의 간단한 처방으로 나을 수 있는 상처도 아니다. 때론 육체의 고통보다 더 무겁게 우리를 짓누른다.

그러나 현재에 충실하고 미래를 바라보며 끊임없이 노력하면서 위기를 극복하고, 나아가 인생의 계단을 하나 더 오르다 보면, 잠재력으로 가득 찬 또 다른 세계로 들어가는 길목에 바로 이러한 고통이 자리잡고 있다는 사실을 알아야 한다. 이 고통을 지나면 보다 밝은 세상이 우리를 기다리고 있다. 밝은 세상의 빛을 보는 순간, 우리는 성큼 성장해 버렸음을 느낄 수 있을 것이다.

우리가 있는 곳에는 언제나 실패가 존재하기 마련이다. 하지만 그 실패를 딛고, 보다 나은 미래를 꾸준히 준비하는 자만이 발전과 경험과 만족과 기쁨의 새로운 영역으로 옮겨갈 수 있다.

새벽은 깊은 밤으로부터 시작된다.

존 키츠(John Keats)


썰물이 가고 나면 밀물이 온다.

헨리 워즈워스 롱펠로(Henry Wadsworth Longfellow)


세상 모든 사람들이 상처를 받지만,
많은 사람들은 상처를 통해 더 강해진다.

어니스트 헤밍웨이(Ernest Hemingway)


세상은 고통으로 가득 차 있지만,
또한 고통을 극복하는 사람들로
가득 차 있기도 하다.

헬렌 켈러(Helen Keller)


기쁨은 나누면 배가 되고,
슬픔은 나누면 반이 된다.

스웨덴 속담

# CHAPTER 13

# 상처받은 마음을
# 치유한다는 것

> 고통을 치료하는 방법은
> 고통을 충분히 느끼는 것이다.
>
> 마르셀 프루스트(Marcel Proust)

상처를 치유하는 과정이 유난히 길고 어려운 사람들이 있다. 그들은 어렸을 때 상처를 받았거나 누군가로부터 무시당하고, 육체적으로 혹은 감정적으로 지속적인 아픔을 겪은 사람들이다. 그래서 평생 용기와 자신에 대한 믿음을 잃고 살아간다. 이미 어렸을 때 가치관이 훼손되어 성인이 된 지금도 그때의 패턴에서 벗어나지 못한다.

이런 사람들에게 세상은 위험으로 가득한 곳으로 보인다. 그들은 위험을 무릅쓰지 않고, 사람들의 관심을 끌지 않는 것이 더 안전하다는 사실을 터득해 버렸다. 혹은 분노나 적개심에 사로 잡혀 있어 꿈을 추구할 의지가 파고들 자리가 없다.

예수는 어린아이에게 해를 가하는 사람은 목에 맷돌을 매고 바닷물에 몸을 던지라고 말씀하셨다. 그러나 안타깝게도 많은 어린이들이 보호받고 사랑받아야 할 사람들에게 무시당하고 해를 입는다. 이것이 바로 이 세상에 존재하는 많은 고통의 원인이다. 이 고통으로 인해 마음을 여는 데 어려움을 겪고, 긍정보다는 부정적인 시각이 자리 잡는 것이다. 이런 가치관의 훼손은 어린이들이 자라면서 자신의 재능을 깨닫는 데 크나큰 방해물로 작용한다.

에머슨은 "자신에 대한 믿음이 곧 성공의 첫 번째 비결이다"라고 말했으며, 소로는 "대중의 의견은 자기 자신의 의견에 비하면 아무것도 아니다"라고 강조한다. 또 "우리 자신의 신실함과 양심에서 훌륭하고 가치 있는 적극성이 나온다"라고 밀튼은 말했다.

고통은 자신감을 잃게 만든다. 그렇다면 어떻게 타고난 권리를 회복하고 개개인의 훌륭한 재능과 잠재력을 느낄 수 있을까? 해답은 쉽지 않다. 그 해법도 사람마다 각각 다를 것이다. 가장 먼저 해야 할 일 중 하나는 '고통으로 인한 상처를 받아주는 사람들을 찾는 일'이다. 그들의 존재는 고갈되었던 힘과 용기를 당신에게 다시 채워줄 것이다. 고통을 당하는 것은 나 혼자만이 아니며, 아무리 심한 고통일지라도 치유가 가능하다는 것을 깨닫게 해줄 것이다.

더 나아가 정신적·감정적 치유는 점차적으로 조금씩 이뤄져야 한다. '손은 부러져도 일을 하지만, 마음이 부서지면 아무것도 하지 못한다'라는 속담이 있다.

마음을 편히 먹어라. 친구에게 하듯이 인내심을 가져라. 당신의 가치와 행복을 확인시켜주는 작은 일을 매일매일 하라. 희망을 주는 책을 읽어라. 영혼을 달래주는 음악을 들어라. 좋은 음식을 맛있게 먹고, 신선한 공기를 마시며, 운동과 휴식을 취하면서 자신을 보살펴라("피곤은 우리를 겁쟁이로 만든다"고 현인은 말했다).

보다 숭고한 이상과 꿈을 추구하기 위해 먼저 사소한 것들을 결정하라. 사소함은 더 중요한 일로 연결될 것이며, 당신의 삶이 완전하고 행복한 길로 향하고 있다는 것을 깨닫게 해줄 것이다. 이때 용기와 자신감이 생겨날 것이다. 중요한 것은 우리가 현재 어디에 서있느냐가 아니라, 우리의 삶이 어느 방향으로 향하고 있느냐다.

고난은 잠자던 용기와 지혜를 깨운다.
사실, 고난은 우리에게 없던
용기와 지혜를 창조해 내기도 한다.
우리는 오직 고난을 통해
정신적·영적으로 성숙할 수 있다.
모건 스콧 펙(M. Scott Peck)

집에 들어오기 위해 문밖에 서있는 사람은
이미 힘든 여정을 마친 사람이다.
네덜란드 속담

고통을 당할 때는,
"괴롭군, 괴로워!"라고 말하지 말라.
하나님은 인간에게
절대 괴로운 짐을 지우지 않으신다.
대신 "쓰군, 써!"라고 말하라.
쓴 잡초는 약의 재료로 사용되기도 한다.
하시디즘(Hasidism)

나는 힘겨운 고통이 가르치는 것을 믿지 않는다.
만약 고통이 스스로 가르친다면,
온 세상이 현명해질 것이다.
이 세상 모든 사람들이 고통을 받고 있기 때문이다.
고통에 슬픔, 이해, 인내, 사랑, 열린 마음,
그리고 고통을 감내하려는 의지를 더해야 한다.
앤 머로우 린드버그(Anne Morrow Lindbergh)

CHAPTER 14

# 견딜 수 없을 만큼
# 고통스러운 일도 생긴다

삶이 벽이나 나무 그림자 같으면 좋으련만 실은,

하늘을 나는 한 마리 새의 그림자 같다.

탈무드(The Talmud)

몇 년 전, 유럽에서 마흔 명의 광부가 석탄 갱도(坑道)에 갇혀 질식사하는 끔찍한 사고가 발생했다. 망연자실한 가족들이 광산 입구에 모여 있는 가운데, 그 동네의 정신적인 지도자 한 사람이 조의를 표하고자 찾아왔다. 그는 무언가 위로와 교훈을 줄 수 있 는 말을 하고 싶었다. 생각 끝에 그는 시드니 그린버그가 *A Treasury of Comfort*라는 책에 썼던 말을 인용했다.

"여기서 일어난 일은 우리로선 도저히 이해할 수 없는 수수께

끼입니다. 하지만 나는 몇 년 전 저희 어머니께서 수를 놓아 제게 주신 책갈피에 대해 얘기하고자 합니다.

한 쪽을 보면 색색의 수실이 아무렇게나 얽히고설키어 있는데, 그걸 보면 저희 어머니께서 무슨 생각을 하며 만드셨는지 의아해집니다. 하지만 그 서표를 뒤집어보면, 비단 수실로 예쁘게 수놓은 '하나님은 사랑이시다'라는 글자가 보입니다.

"오늘 이 순간, 우리는 어느 한 쪽만의 비극을 바라보고 있는 것이며 그것은 아무 의미도 없습니다. 하지만 언젠가는 또 다른 한 쪽의 의미인 '하나님은 사랑이시다'라는 사실을 어렴풋이 알게 될 것입니다. 그때까지 믿고 기다립시다."

고통의 한가운데 있을 때는 현실을 분명하게 보기가 어렵다. 그것은 마치 어지러운 색색의 수실이 마구 뒤엉켜 있는 책갈피의 뒷면을 바라보고 있는 것과 같다. 영적 체험을 통해 그는 그런 어려운 순간에 하나님께 향한다는 것이 위로와 길잡이가 될 수 있음을 깨달았다.

마태복음에는 폭풍이 몰아치는 바다 위를 걸어 예수께 나아가려는 베드로의 이야기가 나온다. 그가 예수만을 바라보았을 때는 아무 문제가 없었다. 하지만 휘몰아치는 바람과 거친 파도를 생각하자마자, 그는 겁에 질려 물속으로 가라앉기 시작한다.

이처럼 시험을 받는 중에도 하나님만을 바라본다면, 흔들리지 않고 원래의 모습을 찾을 수 있다. 하지만 만약 하나님을 의지하지 않고 오직 우리의 문제나 좌절에만 매달려 있다면, 우리는 두려움에 떨며 물속으로 가라앉고 있다고 느낄 것이다.

셰익스피어는 《햄릿 Hamlet》에서 인생에는 우리가 철학적으로 상상하는 것 이상의 것이 있다고 했다. 우리 존재의 경이로움은 그 너머에 또 다른 경이로움을 감추고 있기 때문이다. 하나를 인정하는 것은 그와 연결된 또 다른 것들을 동시에 믿는 것과 다르지 않다. 만약 우리가 하나의 기적 다음에 또 다른 기적이 있다는 사실을 받아들인다면, 하나님의 존재를 믿고 이해와 평화의 상태에 다다르게 될 것이다.

이따금 하나님께 향하는 것이 어려울 때도 있다. 특히 고통에 짓눌려 있거나 마음에 깊은 상처를 받았을 때는 더더욱 그렇다. 다음의 이야기는 그런 우리에게 많은 교훈을 준다. 탈무드에 나오는 이야기로, 안식일에 하루 종일 기도를 드리기 위해 교회에 갔던 한 랍비에 관한 이야기이다.

랍비가 교회에 가 있는 동안, 그의 쌍둥이 아들들이 잠을 자다가 갑자기 죽고 말았다. 랍비의 아내는 남편이 두 아들의 죽음을 알면 얼마나 슬퍼할까 걱정하였다. 남편이 교회에서 돌아오자, 아내는 현관에서 그를 맞이했다. 아들들의 죽음에 충격을 받을 남편을 걱정한 그녀는 우선 남편에게 기도문을 함께 낭송하기를 청하면서 이렇게 말했다.

"여보, 한 가지 물어볼 게 있어요. 얼마 전 아주 귀중한 보석을 제가 보관하게 되었는데, 기억나세요? 그 아름다운 보석은 제 삶에 많은 기쁨을 주었어요. 그런데 이제 그 보석주인이 찾아와 보석을 돌려달라고 하네요. 어떻게 해야 할까요? 그 보석을 돌려주어야 할까요?"

"물론 돌려주어야지요. 당신도 법을 알고 있지 않소. 자기 소유가 아닌 것은 당연히 주인에게 돌려주어야지요." 랍비가 대답했다.

그러자 아내는 안심하며 남편의 손을 잡고 두 아들이 있는 곳으로 데리고 갔다.

"오, 내 아들! 내 아들!" 랍비는 곧 상황을 깨닫고 탄식했다.

그러자 아내는 눈물을 가득 머금은 채 그에게 말했다.

"당신은 잠깐 보관하고 있던 것은 주인에게 돌려주어야 한다고 말씀하지 않으셨나요? 우리 아들들은 하나님께서 우리에게

맡기셨던 귀중한 보석이나 다름없어요. 이제 그분께서 다시 가
져가신 거예요."

　　남편과 아내는 서로 부둥켜안고 하나님께 감사의 기도를 드
렸다.

시간이 지나면 슬픔은 사라진다.
하지만 우리가 슬픔에서 벗어나고 싶지 않은 이유는,
슬픔은 사랑과 너무나 밀접해서
슬픔을 지우면 사랑 또한 지워지기 때문이다.
필립스 브룩스(Phillips Brooks)


사랑하는 사람들과 함께
있지 않음으로 인해 생기는 공허함은
아무것도 대신 채워줄 수 없다.
빈 공간을 채울 다른 일을 찾는 것은 옳지 않다.
공허함을 견디고 그대로 두었다가
사람을 만나는 열정으로 활용하라.
디트리히 본회퍼(Dietrich Bonhoeffer)


내가 본 모든 것은
내가 한 번도 보지 못한 창조자를
믿으라고 내게 가르친다.
랄프 왈도 에머슨(Ralph Waldo Emerson)


하나님이 기도에 응답하지 않는다고
느껴질 때조차도,
우리가 기도하는 동안 우리는
하나님의 자비, 용서,
그리고 사랑에 깊이 잠겨 있다.
지미 카터(Jimmy Carter)

# CHAPTER 15
## 놓아주는 지혜

슬픔의 새가 머리 위를 지나가지 못하게 막을 수는 없지만,
그 새가 당신의 머리에 둥지를 틀지 못하게 할 수는 있다.

스웨덴 속담

때로 인간관계에 실패하거나 꿈이 산산조각으로 깨져 슬픔이
찾아올 때, 우리는 너무 오래 그 슬픔에 잠겨 있음으로써 상황을
더욱 악화시키곤 한다. 우리는 스스로를 고립시키기도 하는데 그
것은 자신을 끝없는 무덤으로 몰아가는 결과를 가져올 뿐이다.

그렇다면 어떻게 이를 피할 수 있을까? 핸리 포랫의 프랑스
전설 모음집에 나오는 다음의 이야기가 도움이 될지도 모르겠다.

어떤 남자가 새를 잡기 위해 덫을 놓았다. 다음 날 가보니 한

마리의 나이팅게일이 덫에 걸려 있었다. 그는 새를 덫에서 꺼내 죽이려고 했다.

그가 작은 새를 막 죽이려는 순간, 새가 남자에게 말을 했다.

"잠깐만요! 절 죽여서 당신에게 무슨 이익이 있죠? 당신의 배를 채우기에 저는 너무 작답니다. 하지만 한 가지 제안을 할게요. 절 보내주시면 당신에게 훗날 소중하게 쓰일 세 가지 충고를 들려드리지요."

그러자 남자가 대답했다.

"그 충고가 네 말대로 나에게 도움이 되는 거라면 널 보내주겠다." 남자가 대답했다.

"물론이죠. 그럼 잘 들으세요.

첫째, 당신이 도달할 수 없는 것을 쫓지 마세요.

둘째, 잃어버린 것에 연연하지 마세요.

셋째, 믿음이 가지 않는 일에 집착하지 마세요."

그는 나이팅게일의 말이 옳다고 여겨 그를 놓아주었다. 그러자 나이팅게일은 즉시 그의 손에서 빠져나가 근처에 있는 나뭇가지 위에 올라앉았다.

"당신은 정말 어리석은 사람이에요!" 나이팅게일이 나뭇가지 위에서 말했다.

"당신은 날 풀어줬어요. 그런데 내 가슴 속에는 보물이 들어 있어요. 자두만한 금덩어리죠."

남자가 한숨을 내쉬었다. 그렇게 큰 금덩어리를 놓치다니! 그는 안타까워 어찌할 바를 모르며 새에게 던질 돌멩이를 찾았다. 하지만 그가 돌을 집는 순간, 나이팅게일이 멀리 날아가 버릴 것이란 걸 깨달았다. 그래서 그는 나이팅게일을 나무에서 내려오도록 설득하기로 했다.

"작은 새야, 이리로 내려오렴. 나와 함께 우리 집으로 가자. 그럼 내가 아주 근사한 집을 만들어 주마. 네가 원하면 뭐든지 다 가질 수 있단다." 그는 속마음을 감추며 말했다.

"당신은 참 바보군요. 내가 생각했던 것보다 훨씬 더 바보예요. 내가 해준 세 가지 충고를 듣고도 당신이 무슨 생각을 하고 있는지 한 번 보세요. 충고들을 모두 까맣게 잊어버렸잖아요!"

"보시다시피 나는 이미 당신이 잡을 수 없는 곳에 있는데도, 여전히 날 잡으려고 해요. 나는 이제 당신의 손을 완전히 벗어났어요. 하지만 지금도 나를 포기하지 않고 있어요. 내 가슴 속에 어떻게 금덩어리가 들어 있겠어요? 그게 믿을 만한 얘긴가요? 그러나 당신은 계속 그 말을 믿고 있어요. 바보 같은 사람!"

말을 마친 후 나이팅게일은 멀리 날아가 버렸다. 그리고 남자는 나이팅게일이 남긴 지혜로운 충고를 다시 생각해보았다.

중국에서 전해져 오는 이 이야기는 우리가 실패나 퇴보를 얼마나 부정적으로 생각하는지를 깨닫게 해준다. 특히 잃어버린 기회, 잠시 접어 두었던 꿈, 혹은 기대에 못 미쳤던 인간 관계가 다시 회복되었을 때는 더더욱 그렇다.

옛날 눈 덮인 산기슭에 한 지혜로운 농부가 살고 있었다. 그 농부는 여러 마리의 말을 키우고 있었는데, 어느 날 그의 암말 중 한 마리가 도망을 갔다. 그의 가족과 친구들은 그를 도와 암말을 찾아나섰지만 모두가 허사였다. 그들은 농부를 위로하며 좋지 않은 일이 생겨 유감이라고 말했다. 그러자 농부는 "이 일이 축복이 아니라고 누가 장담할 수 있겠소?"라고 대답했다.

며칠 뒤, 농부는 산 위를 올려다보다가 두 마리의 말이 자신의 집을 향해 뛰어오는 모습을 보았다. 한 마리는 그가 예전에 잃어버린 암말이었고, 그 뒤로 눈부신 야생마 한 마리가 쫓아오고 있었다.

가족과 친구들은 행운이 굴러 들어온 것을 축하해 주었다. 하지만 농부는, "이 일이 재앙이 아니라고 누가 장담하겠소?"라고 담담하게 대답했다.

얼마 후, 그 야생마를 길들이기 위해 농부의 아들이 말에 올라탔다. 말은 몸부림을 치며 자신의 등 위에 올라탄 농부의 아들을 바닥에 힘껏 내팽개쳤다. 그러자 아들은 땅에 떨어져 다리가 부러지고 말았다. 가족과 친구들이 농부를 위로하려고 애를 썼다. 하지만 그는, "이 일이 축복이 아니라고 누가 장담하겠소?"라고 웃으면서 대답했다.

한 달 뒤, 농부가 사는 마을에 끔찍한 전쟁이 일어났다. 몸이 성한 젊은 남자들은 하나같이 징병을 당했고, 열 명 중 아홉은 목숨을 잃었 다. 이 늙은 농부의 아들은 그러나 다리가 온전하지 못했기 때문 에, 징병대상에서 제외되어 살아남을 수 있었다.

아들은 수 년 동안 나이 든 아버지를 돌보았으며, 아버지에게 건강한 손자들과 인생의 기쁨을 선사했다. 농부의 가족과 친구들은 축복이 어떻게 재앙이 될 수 있는지, 또 재앙이 어떻게 축복이 될 수 있는지, 그리고 앞날은 얼마나 예측하기가 힘든지를 깨닫고 감탄하지 않을 수 없었다.

인생은 양파와 같아서
껍질을 벗기면 벗길수록 눈물이 흘러내린다.

프랑스 속담

문 하나가 닫히면
이내 다른 문이 열린다는 것은
특별할 것 없는 인생의 규칙이다.
그러나 닫혀진 문에 연연하여
열려진 문을 소홀히 한다는 것이
인생의 비극이다.

앙드레 지드(Andre Gide)

없는 것을 슬퍼하지 않고,
가지고 있는 것을 기뻐하는 자가
지혜로운 사람이다.

에픽테토스(Epictetus)

수용소에 있을 때나 먹을 것을 구하기 위해
길거리를 방황하고 있을 때도
나는 내가 세계에서 제일가는 배우라고 믿고 있었다
어린아이가 한 생각으로는 어이없게 들리겠지만,
그래도 그렇게 강한 믿음을
갖고 있었던 것이 나를 구했다.
그런 확신이 없었다면 나는 고달픈 인생의 무게에 짓눌려
일찌감치 삶을 포기해 버렸을 것이다.

찰리 채플린(Charles Chaplin)

# CHAPTER 16
# 진실로 원하는 일을 하라,
# 아직도 기회는 있다

지금 이 순간 상처를 극복하고 삶을 다시 올바른 방향으로 돌려놓아야 할 사람들도 있을 것이다. 하지만 우리 대부분은 지금 바로 개인적인 위기나 비극의 어두운 터널을 지나가고 있지 않다. 우리는 이미 여러 좌절을 극복했으며, 고통을 통해 성장했다. 그래서 우리가 살고 있는 이 세상에 영향을 줄 수 있을 만큼의 능력을 갖고 있다는 자신감을 가지고 있다. 하지만 우리는 여전히 그 자신감을 행동으로 옮기지 않는다. 꿈에 도달하라는, 아니면 현재 있는 곳에서 성장하고 결실을 맺도록 촉구하는 '조용

하고 작은 목소리'가 들려도 그 목소리에 아무 대답도 하지 않는다. 믿음으로 한 발자국 앞으로 나아가는, 그래서 남과 구별되는 '그 일'을 하지 않고 있는 것이다.

대신 안락과 쾌락(알베르트 아인슈타인이 '돼지 무리에게 더 어울린다'고 했던 목표)만을 바라는 우리의 본능에 굴복하며 평범한 것만을 추구한다. 아니면 다른 사람들이 '해야 한다'고 강요하는 일을 할뿐이다. 다른 사람에게 중요한 것이 나에게 중요한 것을 대신하고 있는 것이다. 경제적·물질적인 가치, 권력, 지위 등이 바로 그것이다.

키에르케고르는 "자기만의 색깔을 갖는다는 것은 지극히 위험이 따르는 일이다. 군중 속에서 하나의 모방, 하나의 숫자, 하나의 영(제로)이 되는 것이 훨씬 더 쉽다"라고 했다. 그 결과 우리는 스스로를 정형의 틀 속에 가둔 채 살게 된다. 보다 풍요롭고, 충만한 삶을 살 수 있는 데도 불구하고, 자신의 한계를 미리 정해놓아 그것과 멀어지고 만다. 얼마든지 모험이 가능하고, 모험을 통해 만족을 얻을 수 있는데도 말이다.

톨스토이는 〈이반 일리치의 죽음 *The Death of Ivan Ilych*〉이라는 단편 소설에서, 부와 권력과 신분 상승이 인생의 목적이었던 한 남자의 이야기를 하고 있다. 그는 자신의 꿈과 이상을 버리고, 그가 숭배하는 사람들의 가치를 따른다. 결과적으로 그는 자신의 진정한 모습을 만나지 못한다. 대신 위선으로 진실을 숨긴 채 스스로에게 아주 낯선 사람이 되고 만다. 톨스토이는 이 장면을 이렇게 묘사하고 있다.

'유아기와 청년기에 가졌던 열정들은 진지했던 마음마저 모두 버린 채 사라졌다.'

이반은 결국 부와 권력을 얻어 근사한 가구로 집안을 장식하고 영향력 있는 사람들을 저녁 식사에 초대했지만, 임종을 맞이한 순간 자신의 인생이 사실은 실패였을지 모른다는 생각에 사로잡힌다.

'어쩌면 나는 내가 살아야 했던 방식대로 살지 않았는지 모른다. 하지만, 하지만… 모든 것을 다 잘 해내지 않았는가?'

톨스토이는 이반이 자신의 삶이 올바랐는지에 대한 의문을 떨쳐버리게 하고자 위와 같은 대사를 만들었다. 하지만 여전히 의문이 남는다. 이반은 과연 올바른 삶을 살았을까? 그가 바라던 것이 정말 성공뿐이었을까?

이반은 자신이 계속하여 올라가고 있다고 생각했지만, 사실은 아래로 무너지고 있었음을 뒤늦게 깨닫는다.

'이제야 알 것 같다. 누가 보기에도 나의 삶은 한 단계 올라가고 있는 듯 했 지만, 올라가는 만큼 삶은 내게서 멀어지고 있었다. 그리고 모든 것을 이룬 지금, 오직 죽음만이 남았다.'

우리도 머릿속으로는 올라가고 있다고 생각했는데 사실은 내려가고 있는 자신을 발견한 적이 있는가? 주변에 있는 사람들의 목표와 가치를 내 것인양 선택하는 순간, 우리의 열정과 이상, 재능과 꿈, 젊음의 순수한 감수성이 우리에게서 빠져나가고 있지는 않은가? 이반의 상황을 비극으로 만들었고 그의 죽음을 고통스럽게 만든 것은, 그가 자신의 삶이 옳지 않았음을 너무 늦게 깨달았다는 사실이었다.

하지만 우리는 운이 좋은 사람들이다. 천편일률적인 평범함과 게으름, 두려움에서 벗어나 진실한 길로 들어설 시간이 있기 때문이다. 우리에게는 아직도 현재 서있는 곳에서 더 큰 사랑과 독창력을 표현할 기회가 있다. 우리의 가장 원대한 꿈과 이상을 향해 아주 작은 걸음을 옮겨놓을 기회 말이다.

죽음을 맞이하는 순간에도 살기 위해 노력하자.
장의사가 일을 시작해야 할지 망설여질 만큼.

마크 트웨인(Mark Twain)


가장 위대한 일은,
하나님의 자녀로 자신의 위치에 서서,
매일매일이 마지막 날인 것처럼 살 되,
내 삶이 백 년 동안
계속될 것처럼 계획을 세우는 것이다.

루이스(C. S. Lewis)


분명한 이해 없이 행동하고,
생각 없이 습관을 만들고,
어디로 가는지도 모른 채 모두가 가는 길을
맹목적으로 따라가는 것은 군중이 하는 행동이다.

맹자(孟子)


내가 해야 할 일은 내게 중요한 일이지
사람들이 중요하게 생각하는 일이 아니다.
당신은 당신이 해야 할 일을 당신보다 더 잘 알고 있다고
판단하는 사람들을 늘 만나게 될 것이다.
이 세상에서 세상의 의견을 쫓으며 사는 것은 쉬운 일이다.
우리 자신의 의견을 쫓으며 혼자 사는 것도 쉬운 일이다.
하지만 훌륭한 사람은 군중 속에서 완벽한 조화를 이루며
독자적으로 사는 사람이다.

랄프 왈도 에머슨(Ralph Waldo Emerson)

# CHAPTER 17

# 가장 소중한 것을 지키며

> 인생의 고통은 우리의 마음이
> 시시각각 변하기 때문에 생긴다.
> 마르셀 프루스트(Marcel Proust)

젊은 시절에는 누구나 세상의 좋은 것만을 갖고 싶어하고, 또 좋은 것에 쉽게 흔들린다. 겉모습에 매혹 되기도 하고, 아름다운 선율에 눈물을 흘리고, 진실한 말 한 마디에 깊은 감동을 받는다. 고통을 보면 마음 깊은 곳에서 동정심이 우러나고, 불평등을 보면 적개심과 의분을 품는다. 그러나 나이가 들면서 젊은 시절 우리에게 소중했던 이상과 신념은 삶의 역경과 위기를 만나 하나둘 무너져 내린다.

슈바이처는 "진리가 승리한다고 확신했던 사람이 더이상 그런 확신을 가지고 있지 않다. 그는 인간을 믿었다. 그러나 지금은 아니다. 그는 선을 믿었다. 그러나 지금은 아니다. 그는 정의를 간절히 추구했다. 그러나 지금은 아니다. 그는 친절과 평화의 힘을 믿었다. 그러나 지금은 아니다. 그는 열정적인 사람이 될 수 있었다. 그러나 지금은 아니다. 인생의 위태로운 순간과 폭풍을 헤치고 안전하게 키를 잡기 위해 그는 보트의 무게를 줄였다. 그는 필요하다고 생각되는 물건들을 배 밖으로 집어던졌다. 하지만 그가 내던진 밸러스트(배에 실은 짐이 적을 때 배의 안전을 위해 바닥에 싣는 돌, 모래 등의 것 _역자 주)는 사실 그의 식량과 물이었다. 이제 그는 파도 위로 가볍게 나아갈 수 있지만 배가 고프고 목이 말랐다"라고 지적했다.

우리의 이상과 신념을 끝까지 지켜가는 것은 어쩌면 우리가 해야 할 일 중에서 가장 어려운 일인지도 모른다. 우리는 불가피하게 역경과 장애를 만나며, 그것들은 옳다고 생각하는 것들을 포기하고 더 쉬운 길을 택하라고 우리를 유혹한다.

의사가 되고 싶었던 어떤 사람은 공부가 힘들어 결국 자신에게는 별 의미도 없고 재능을 살릴 수도 없는 다른 일을 택한다. 또 어떤 사람은 인간이 할 수 있는 가장 아름다운 일 가운데 하나라고 믿었던 음악가라는 꿈을 포기한다. 그의 가족이나 친구들이 예술가의 길이 얼마나 위험하고 험난한 것인지 끊임없이 말했기 때문이다.

또 다른 사람은 한때 그의 삶에 의미를 주었던 자신의 가치관과 타협하기로 결심한다. 쉽게 수입을 올리거나 쾌락을 즐기거나 불법으로 돈을 벌기 위해서다. '다들 하는 건데 뭐. 나도 그냥 인간일 뿐이야. 완벽한 사람은 아무도 없어'라고 자신을 합리화한다.

일시적인 이익을 위해 우리 안에 있는 가치와 이상을 포기하는 것은 참으로 유감스러운 일이다. 이들은 우리의 삶에 의미를 부여했던 것들이기 때문이다. 이 과정에서 우리는 언제라도 얻을 수 있는 것보다 훨씬 더 소중한 무언가를 잃어버리게 된다. 소중한 것들이 빠져나간 자리에는 쉽게 채워지지 않는 공허함이 대신 자리를 잡는다.

"인간은 젊은 이상주의에서 진실을 느낀다. 인간은 젊은 이상주의에서 그 어느 것과도 바꿀 수 없는 부유함을 소유하게 된다"라고 슈바이처는 말했다.


유대교 랍비와 그의 세 제자가 유혹에 빠지는 것과 이상을 위해 자신을 지키는 것에 대해 토론을 하고 있었다.

랍비가 제자들에게 물었다.

"만약 너희가 우연히 큰돈을 발견하면 어떻게 하겠느냐?"

처음 제자가 대답했다.

"주인에게 돌려주겠습니다."

"난 네 말을 믿지 않는다. 너는 깊이 생각해보지도 않고 대답을 하는구나."

두 번째 제자가 대답했다.

"보는 사람이 아무도 없다면, 그 돈을 제가 갖겠습니다."

"넌 솔직하긴 하지만 믿을 수 없는 자로구나!"

마지막으로 세 번째 제자가 대답했다.

"물론 그 돈을 갖고 싶은 유혹을 느낄 것입니다. 하지만 악에서 벗어나 옳은 일을 할 수 있는 힘을 달라고 하나님께 기도하겠습니다."

랍비가 웃으며 대답했다.

"하나님의 축복을 받아라! 너는 내가 믿을 만한 사람이다!"

훌륭한 사람은
어린 시절의 마음을 잃지 않는 사람이다.

중국 속담


항상 옳은 일을 하라.
이로 인해 몇몇 사람은 기뻐할 것이며
나머지는 놀랄 것이다.

마크 트웨인(Mark Twain)


젊음은 신중할 만큼 많이 알지 못한다.
그렇기에 젊은 사람들은
불가능한 일을 시도하여 결국 해낸다.
세대와 세대를 거치면서….

펄 벅(Pearl S. Buck)


언제나 기쁨 가운데 있는 것이 나의 가장 큰 희망이다.
나는 그 희망을 이루지 못할지도 모르지만,
적어도 그것을 바라보고 느낄 수는 있다.
희망을 믿고 희망을 따라가려고 노력하라.

루이자 메이 올컷(Louisa May Alcott)


젊음은 자신이 가진 것을 모아
달까지 다리를 만들거나 지구에 왕궁이나 사원을 짓지만,
중년은 오두막집 한 채를 지을 뿐이다.

헨리 데이비드 소로(Henry David Thoreau)

# CHAPTER 18

# 혼자 우뚝 서라

> 만약 모든 사람의 충고대로 집을 짓는다면
> 비뚤어진 집을 짓게 될 것이다.
>
> 덴마크 속담

아주 어렸을 때부터 우리는 다른 사람들의 호감을 받고 싶어 하며 그룹의 일원이 되고 싶어한다. 어른이 되면 사회가 만들어 놓은 규칙에 따르고 세상에 자신을 맞추라는 압력을 쉴 새 없이 받는다. 그것이 인간이다. 우리는 서로를 간절히 필요로 한다. 그래서 자신이 소외 당하고 있다는 느낌은 아주 고통스럽다. 게다가 다른 사람들은 나와 달리 놀라울 만큼 냉정하고, 고통을 쉽게 이겨내는 것처럼 보인다. 그래서 우리는 소외 당하는 것이 두려워, 남과 다른 자신만의 개성을 없애고 만다. 가장 진실한 가치와 이상을 비워낸 다음, 잘 맞지도 않는 다른 것들을 채워 넣는다. 혼자 동떨어지는 것이 두렵기 때문이다.

　그렇게 하여 만들어낸 자신을 다른 사람이 인정하거나 존경한다고 해도, 마음은 여전히 편치가 않다. 사람들이 인정하는 것은 진정한 내가 아닌, 겉으로 드러내놓은 '이미지'일 뿐임을 잘 알기 때문이다. 결국 우리는 가짜로 만든 사람을, 진정한 내가 아닌 거짓으로 만들어놓은 나를 존경하는 것이다.

　그래서 천편일률에 자신을 적응시키는 것은 스스로를 기만하는 행위이다. 설사 성공한다 해도 우리는 실패한 것처럼 느낄 수 있다. 다른 사람들과 같이 있어도 외롭다고 느낄 것이다. 진정한 공동체, 진정한 사랑과 인정은 오직 진실을 통해서만 우러나올 수 있기 때문이다. 또한 다른 사람과 같아지려고 아무리 발버둥을 쳐도 절대 다른 사람을 즐겁게 해줄 수 없다는 것을 알아야한다. 다음의 이야기는 우리에게 많은 교훈을 준다.

　한 농부가 아들과 함께 당나귀를 몰고 시장에 가고 있었다.
　이때 그 길을 지나가던 누군가가 혼잣말로 말했다.
　"어리석은 사람들이군. 당나귀를 타고 가면 훨씬 편한 것을."
　이 말을 들은 농부는 아들을 당나귀에 태웠다.

잠시 후 노인들이 모여 있는 곳을 지나가는데, 그중 한 노인이 말했다. "저런 불효자식이 있나! 늙은 아비는 걸어가는데, 젊은 아들이 당나귀를 타고 가는구먼 그래."

이 말을 들은 농부는 아들을 걷게 하고 자신이 당나귀에 올라 탔다.

계속 길을 가다가 이번에는 두 여인을 만났다. 여자들이 하는 말이 농부의 귀에 들렸다. "어머 저 게으른 사람 좀 봐. 자기만 편하자고 가엾은 아이를 걷게 하는군."

이제 농부는 머릿속이 복잡해졌다.

"아들아, 어떻게 하면 모든 사람을 즐겁게 해 줄 수 있을까?"

곰곰이 생각에 잠긴 농부는 아들과 함께 당나귀 등에 타기로 했다. 그리고 다시 길을 떠났다. 마을에 들어서자 마을 사람들이 그들에게 손가락질을 하며 비난했다.

"부끄럽지도 않소! 저 늙은 당나귀가 땀을 흘리며 힘들어하는 모습이 보이지도 않는단 말이오. 아무리 말 못하는 짐승이라지만 어찌 그리 몰인정할 수 있단 말이오."

"당신들 말이 맞는 것 같군요."

농부와 아들은 이번에는 긴 장대에 당나귀의 네 발을 묶었다. 그리고 장대를 어깨에 둘러메고 다시 걸었다. 농부와 아들이 당나귀를 메고 끙끙거리며 걷고 있는 모습을 본, 마을 사람들이 폭소를 터뜨렸다.

"이제야 모든 사람들을 즐겁게 하는 것 같구나."

마침내 시장으로 가는 마지막 다리를 건너고 있는데, 당나귀의 발이 밧줄에서 미끄러지기 시작했다. 그러자 놀란 당나귀가 발길질을 하며 시끄럽게 울부짖는 바람에 농부와 아들은 장대를 놓치고 말았다. 그 바람에 당나귀가 강물에 '풍덩' 빠지고 말았다.

허탈한 얼굴로 농부가 다리 한복판에 앉아 아들에게 말했다.

"이 일을 통해 한 가지 배운 게 있다."

"그게 뭔데요, 아버지?"

"모든 사람을 즐겁게 해주려고 하다보면, 결국 한 사람도 즐겁게 해주지 못한다."

무엇보다 자기 자신에게 진실하면
어떤 사람과의 관계에서도 실패하지 않을 것이다.

윌리엄 셰익스피어(William Shakespeare)

모방으로 성공하는 것보다
독창적으로 실패하는 것이 더 낫다.

허먼 멜빌(Herman Melville)

네 자신을 고집하라.
절대 모방하지 말라.

랄프 왈도 에머슨(Ralph Waldo Emerson)

산꼭대기에 사는 야생화는
정원에 사는 장미와
자리를 바꾸려 하지 않을 것이다.

아르메니아 속담

이 세상에서 가장 중요한 것은
자기 자신이 되는 방법을 아는 것이다.

미셸 드 몽테뉴(Michel de Montaigne)

# CHAPTER 19

# 서로에게 기댈 지지대가 되어

> 만약 한 사람이 동료들과 보조를 맞추지 않는다면,
> 그가 다른 드러머의 소리에 따라 행진하기 때문일 것이다.
> 그가 듣고 있는 음악에 맞춰 나가도록 내버려두어라.
> 박자가 맞든 맞지 않든….
>
> 헨리 데이비드 소로(Henry David Thoreau)

몇몇 작가와 철학자는 우리가 왜 천편일률성에 따르면서 스스로 자기를 억제하는가를 관찰해왔다.

철학자 프리드리히 니체는, "진정 위대한 삶은 빙하와 같은 삶이다. 빙하는 산을 뚫고, 앞을 가로막는 모든 것을 파괴하며 나아간다. 하지만 빙하가 지나간 자리에는 머지않아 풀과 야생화, 그리고 나무가 다시 자라난다. 위험한 길이 아름답고 파릇파릇한 계곡이 된다. 비옥한 흙이 있고 시내가 넘쳐흐르며 생명이 솟구치는, 그런 계곡이…"라고 말했다. 니체는 '빙하처럼' 그들이 살고 있는 문화의 규범을 파괴하고 군중 속에서 탈피하여, 자신의 기준대로 살 것을 촉구한다. 설사 이단 취급을 당하는 한이 있어도 말이다.

화가 피카소는 "창조는 파괴에서 시작된다"라고 했다. 그리고 미국의 심리학자 롤로 메이는 "과학에서 중요한 아이디어나 예술에서 새로운 형식이 생길 때마다, 이것들은 많은 사람들이 이전에 지적(知的)이라고 믿고 있는 것, 즉 정신적인 세계에서 생존에 필요하다고 믿는 것을 파괴한다"라고 말했다.

비록 이러한 통찰력이 진리가 담겨 있는 신선한 물일지라도 그 안에 독약이 들어 있다면 그것은 신선한 물이 아니라 독약이라 말해야 할 것이다. 이처럼 우리의 주된 관심이 다른 사람과 우리가 살고 있는 이 세상의 행복을 향하지 않는다면, 이는 곧 독약이 든 물처럼 위험한 것이 되고 말 것이다.

만약 우리가 파괴하려는 욕구에 차 있거나, 이기심과 권력에 고무되어 있다면 자신의 위험한 행동을 정당화할 수도 있다. 히틀러나 스탈린의 광적인 행동조차도 말이다. 그렇다면 우리가 살아가야 할 세상은 어둡고 끔찍한 곳으로 변하고 말 것이다.

역설적이게도 독립은 의존과 조화를 이룬다. 혼자 서겠다는 욕구는 함께 서겠다는 욕구와 조화를 이루어야 하고 깨부수려는 욕구는 고치고 완전하게 만들려는 욕구와 조화를 이루어야 한다.

"내가 나 자신을 위하지 않으면, 누가 날 위한단 말인가? 그리고 내가 나 자신이 아니면 나는 누구란 말인가?"

랍비 힐렐은 탈무드에서 이렇게 묻고 있다.

'우리는 모두 한 개인으로 태어났다. 우리는 유일무이하고 각기 다른 존재이다. 그러나 우리는 단지 생계나 교제를 위해서가 아니라, 우리의 삶에 의미를 주기 위해 서로를 간절히 필요로 한다. 그렇기에 우린 어쩔 수 없는 사회적 존재이다'라고 스콧 펙은 그의 저서 《마음을 어떻게 비울 것인가 *The Different Drum*》에서 적고 있다.

옛날에 한 아버지가 아들들을 불러 막대기 하나씩을 나누어 주었다.

"이 막대기를 부러뜨려 보아라."

아버지가 아들들에게 말했다. 그러자 아들들은 힘을 별로 들이지 않고 막대기를 부러뜨렸다.

"자, 그렇다면 너희들 중에 누가 이 막대기를 한꺼번에 부러뜨려 보겠느냐."

가장 힘이 센 아들이 나서자 아버지는 그에게 막대기 한 묶음을 주었다. 젊은 아들은 있는 힘을 다했으나 막대기 묶음을 부러뜨릴 수가 없었다.

"이것을 교훈으로 삼아라. 혼자 있을 때는 쉽게 부러져도 뭉치면 강해진다."

우리는 형제로 함께 사는 법을 배워야 한다.
아니면 모두 멸망하고 만다.

마틴 루터 킹(Martin Luther King, Jr.)

하나보다 둘이 낫다.
하나가 넘어지면, 다른 하나가 일으킬 것이기 때문이다.

전도서 4장 9~10절(Ecclesiastes 4:9~10)

내가 이것을 너희에게 명함은 너희가 서로 사랑하게 하려 함이라.

요한복음 15장 17절(15:17)

사랑이 넘치면 즐거운 마음이 샘솟지 않을 수 없다.

테레사 수녀(Mother Teresa)

# CHAPTER 20

# 모두가 반대해도
# 당신이 원한다면

길을 안전하게 만드는 것은 지친 몸을 쉬게 하는 것이다.
스페인 속담

우리는 다른 사람을 돕겠다는 꿈이나 더 나은 세상에 대한 비전을 가지고 있을 수 있다. 그 비전을 이루기 위해 또한 거기에 수반되는 고통과 미지의 세계에 대한 불안감을 잘 견디고 있을 수 있다. 하지만 사람들은, 그러한 당신의 삶을 불안하게 느낀 나머지 현재 있는 그곳에 그대로 있으라고 당신을 설득할지도 모른다. 그들은 당신을 비웃을지도 모르며, 당신의 한계를 지적하고 때로는 그 길이 얼마나 어려울지를 계속해서 알리기 위해 노력할지도 모른다.

예를 들어 알베르트 슈바이처의 가족은 아프리카에 가서 의사로 헌신하겠다는 슈바이처 박사의 욕구가 얼마나 어리석은 생각인지 그에게 일깨워주려고 많은 애를 썼다. 안톤 드보르자크의 아버지 역시 아들에게 작곡가가 되지 말고 정육점 주인이 되라고 설득했다. 헨델의 아버지는 헨델이 변호사가 되기를 원했으며, 세잔의 아버지는 자식이 사업가가 되기를 원했다. 아이작 뉴턴의 어머니는 뉴턴이 가족 농장을 맡아주기를 원했으며, 그가 너무 많은 책을 읽는 것을 좋아하지 않았다. 플로렌스 나이팅게일의 가족은 그녀가 그 당시만 해도 천시 받던 직업인 간호사가 되기보다는, 결혼을 해서 평온하고 안락한 삶을 사는 것이 더 좋다고 생각했다.

그 이유가 무엇일까? 우리 주변에 있는 사람들은 무엇 때문에 우리가 가진 최고의 잠재력을 발휘하지 못하게 막는 것일까? 어쩌면 우리가 꿈을 좇는 모습이, 사실은 이전에 그들이 포기했던 이상과 멈춰버린 재능을 자신들에게 상기시켜주기 때문인지도 모른다. 어쩌면 그들은 주변에 있는 모든 사람과 모든 것이 그들의 선택과 현재의 삶을 정당화시켜 주길 바랄 수도 있다. 혹은 우리가 꿈을 추구하고 재능을 실현하는 과정에서 고통을 당하거나 좌절할까봐 정말로 걱정하고 있는지도 모른다.

하지만 설사 우리가 원하는 것을 얻지 못할지라도 그 과정으로서 성공은 이룬 셈이다. 문제는 현재의 위치에 머물러 있는 것이 오히려 실패라는 사실조차 깨닫지 못하는, 그들일지도 모른다.

우리를 사랑하는 사람들은 변화를 두려워한다. 따라서 혼란을 일부러 만들려고 하지 않는다. 우리도 변하지 않고 이전과 같이 한 울타리 안에서 안정적으로 살아가기를 원하는 것이다.

하지만 재능을 개발하고 능력을 최대한 발휘하기 위해 우리는 변해야만 한다. 평범함에서 벗어나 우리가 진정으로 가야할 길을 가야한다. 삶을 보다 분명하게 알아차릴 수 있는, 영광스러운 정상까지 올라가야 한다. 그러나 그들은 이 사실을 깨닫지 못하고 있는 것이다.

철학자 앙리 베르그손은 "변화하는 것은 성숙하는 것이며, 성숙하는 것은 우리 자신을 끝없이 창조하는 것이다"라고 했다.

그러나 우리를 걱정하는 사람들에게도 그럴 만한 이유가 있다는 것을 알기 때문에, 우리는 그들의 말에 귀를 기울여 볼 필요가 있다. 이카로스(밀랍으로 붙인 날개를 달았는데 태양에 너무 가까이 접근해 밀랍이 녹아 바다에 떨어졌다는 그리스 신화 속 인물 _역자

주)와 다이달로스(크레타 섬의 미로를 만든 아테네의 명장 _역자 주)의 이야기를 생각해보자.

다이달로스와 그의 아들 이카로스는 크레타 섬에서 바다로 둘러싸인 탑에 갇혀 있었다. 설사 그들이 탑을 빠져 나온다 해도 바다를 벗어나기란 불가능한 일이었다. 그래서 훌륭한 발명가이기도 했던 다이달로스는 몇 주 동안 각양각색의 깃털을 모았다. 그리고 이 깃털을 밀랍으로 붙여 갈매기 날개 모양으로 두 쌍의 날개를 만들었다. 이윽고 날개를 펼쳐 하늘을 날 수 있을 만큼 바람이 불자, 그와 그의 아들은 날개에 몸을 묶고 탑에서 뛰어내렸다.

다이달로스가 아들 이카로스에게 말했다.

"명심해라. 너무 낮게 날면 바닷물에 날개가 젖어 가라앉고 만다. 그렇다고 너무 높게 날면 태양이 밀랍을 녹여 날개가 떨어져 나갈 것이다."

처음 하늘을 날았을 때 그들은 무척 긴장했다. 발 밑에는 바위투성이의 해안과 바위에 부서지는 세찬 파도가 시퍼렇게 꿈틀거리고 있었기 때문이다. 조금이라도 실수하면 살아날 가능성은 거의 없었다. 하지만 시간이 흐를수록 그들은 자신감을 얻었으며, 비상하는 자유를 만끽하기 시작했다.

밭에서 일을 하던 한 농부가 그들을 올려다보고 놀라움에 입을 다물지 못했다. 들에서 놀던 아이들이 그들을 보고 손을 흔들었다. 소문은 순식간에 퍼져 사람들이 모두 집 밖으로 나와 하늘을 날고 있는 다이달로스와 이카로스를 올려다보았다.

"저들은 신일까?"

이카로스는 경이로운 눈빛으로 자신을 올려다 보고 있는 사람들과 땅, 바다에 떠 있는 배들을 내려다보며 아버지의 경고를 무시한 채 더 높이 날아올랐다.

"이카로스, 어서 내려와!" 다이달로스가 소리쳤다.

"날개가 녹을지도 몰라! 태양에 너무 가까이 갔어."

하지만 의기양양한 이카로스에게 아버지의 말은 들리지 않았다. 그 순간 깃털을 붙인 밀랍이 녹기 시작했고, 깃털은 사방으로 흩어졌다. 이카로스는 팔을 허우적거리며 떨어지지 않으려고 안간힘을 썼지만 소용이 없었다. 그는 공포에 질려 울부짖었다. "아버지, 날개가 흩어지고 있어요!" 이 말이 끝나자마자 이카로스는 수 천 피트 아래의 땅으로 떨어져 죽고 말았다.

이 비극적인 이야기는 우리에게 아직 성인으로서 홀로 서기 전에는 부모님의 말씀을 귀담아 들을 것을 가르쳐준다. 이런 의미에서 우리가 재능을 발휘하지 못하도록 막는 사람들의 말이 항상 틀린 것은 아니다. 간과하기 쉬운 일이지만, 우리의 부모들이 우리보다 더 많이 알고 있을 때가 많다. 비록 시대에 뒤쳐져 보일 때도 있지만, 그들은 우리가 생각하는 것보다 더 많은 지혜와 경험을 가지고 있다.

그렇지만 꿈을 추구하는 우리 모두가 태양에 너무 가까이 다가가 날개를 태워버릴 정도로 경솔한 것만은 아니다. 우리는 성숙해가면서 용기와 신중함을 조화롭게 유지해야 한다는 사실을 터득하기 때문이다. 마찬가지로 일단 두려움에 휩싸이면, 우리 생애에 혁명적인 일은 절대 일어나지 않을 뿐더러 창의적이거나 진보적인 일을 해낼 수 없다는 것 또한 명백하다.

내가 열 네 살 때,
우리 아버지는 너무 무식해서
나는 거의 참을 수가 없을 지경이었다.
하지만 내가 스물 한 살이 되자,
아버지가 칠 년 사이에
어떻게 그렇게 많은 것을 배우셨는지
정말 놀라지 않을 수 없었다.

마크 트웨인(Mark Twain)

당신은 오직 당신을
따르고 존경하는 사람들에게서,
당신에게 잘해주는 사람들에게서,
그리고 당신 곁에 있는 사람들에게서만 배웠는가?
당신을 거부하고, 당신을 팽팽하게 의식하거나
경쟁하는 사람들에게서는
중요한 교훈을 얻지 않았는가?

월트 휘트먼(Walt Whitman)

가능하다면, 모든 사람과 더불어 평화롭게 지내라.
악을 악으로 갚지 말고 선으로 갚아라.

로마서 12장 17~21절(Romans 12:17~21)

선을 위한 선은 온전히 아름다운 일이며,
악을 위한 악은 좌절만을 가져다 줄 뿐이며,
선을 위한 악은 아름답지 못하고 불결한 일이며,
악을 위한 선은 하나님의 은혜를 드러내는 일이다.

웨일즈 속담

Part Three

달콤한 도전

CHAPTER 21

# 사랑과 진실이 주는 승리

자신에게 최선을 다하는 사람은
사사로운 감정에 매달릴 여유가 없다.

에이브러햄 링컨(Abraham Lincoln)

'새로운 것은 모두 저항에 부딪힌다'라는 속담처럼, 새로운 것에 대한 도전을 방해하는 사람들에게 어떻게 대항할 것인가? 우리의 안전을 걱정하거나 자신의 이상을 따라주기를 원하는 사람들을 어떻게 물리칠 것인가? 또 물리친 후에는 사랑과 연민으로 연결된 그들과의 유대관계를 어떻게 유지할 것인가?

그 대답은 소크라테스, 예수, 마하트마 간디, 그리고 마틴 루터 킹과 같은 위인들이 보여주었던 저항의 모습에서 찾을 수 있다. 다른 사람들이 우리의 뜻에 반(反)한다고 해서, 폭력으로 대적한다면 오히려 역효과만 가져올 것이다. 그것이 육체적인 폭력이건, 감정적인 폭력이건 간에 말이다. 설사 세상을 얻을 수 있을지 몰라도 영혼은 잃고 말 것이다.

그렇다고 잘못된 것인 줄 뻔히 알면서 그것을 따르고 받아들여서도 안 된다. 우리는 폭력에 호소하거나 복종하는 것이 아니라, 사랑과 이해로 고통을 기꺼이 감수하고 인내하겠다는 의지로 최선을 다해 저항해야 한다.

마틴 루터 킹은 다음과 같이 말했다.

"〈눈에는 눈, 이에는 이〉라는 구습은 모든 사람을 눈멀게 한다. 이것은 상대방을 이해하는 방법이 아니다. 받은 대로 되갚아서는 상대뿐만이 아니라 나에게도 아무런 도움이 되지 않는다. 폭력은 사랑보다는 증오를 키우기 마련이다. 폭력은 공동체를 파괴하고 형제애를 불가능하게 만든다. 폭력이 정당성을 인정받는다면 서로간에 대화는 단절되고 누구나 외롭게 독백만 중얼거리는 사회가 되고 말 것이다. 폭력은 결국 스스로를 파멸로 몰아간다. 폭력은 피해지에게 가슴 깊이 상처를 남기고 가해자에게는 잔인함을 불러일으킨다."

그리고 또 다른 구절에서 킹 목사는 이렇게 적고 있다.

'비폭력적인 접근은 압제자의 마음을 당장 변하게 하지 않는다. 그러나 먼저 비폭력적인 접근을 하는 당사자의 마음과 영혼에 무언가 변화를 불러일으킨다. 그 변화는 가슴속에 자존심이 차오르게 하고, 미처 몰랐던 힘과 용기를 샘솟게 한다. 그리하여 마침내 그 마음이 상대방에게 전달되어 그의 양심을 움직이고 비로소 화해가 가능해지게 만든다.'

우리의 길을 막는 사람들, 그들에게는 인내와 사랑과 포용으로 저항해야 한다. 어쩌면 그들에게 우리가 배울 점이 있을지도 모른다. 그렇지만 우리가 가고 싶은 길이 옳다면, 우리를 반대하는 세력에 우정과 예의를 다하고, 간디의 말대로 사랑과 진리의 온 힘을 다해 저항한다면 그들도 우리가 가지고 있는 비전을 결국 인정하게 될 것이다. 나아가 그들은 우리의 결단을 존중하고, 옳다고 믿는 것을 위해 고통을 감수하는 모습을 인정하면서 지지하는 협력자가 되어줄 것이다.

에이브러햄 링컨의 조언자들은 이렇게 말했다고 한다.

"각하, 저는 각하를 이해할 수가 없습니다. 각하는 적에게 너무 친절히 대하십니다. 제가 보기에 그들은 반드시 이겨야 하는 대상인데 말입니다."

그러자 링컨이 다음과 같이 대답했다고 한다.

"사랑하는 친구여. 내가 그들을 친구로 만들었을 때, 바로 그때가 그들을 이기는 거라네."

만약 누군가를 설득하려 한다면,
먼저 당신이 그의 진실한 친구라는 것을 알게 하라.
거기에 그의 마음을 사로잡는 한 방울의 꿀이 있다.

에이브러햄 링컨(Abraham Lincoln)


너에게 선한 사람들에게 선하게 대하라.
너에게 선하지 않은 사람들에게도 역시 선하게 대하라.
그러면 선이 널리 퍼질 것이다.

노자(老子)


주여, 저를 평화의 도구로 써주소서.
미움이 있는 곳에 사랑을, 상처가 있는 곳에 용서를,
의심이 있는 곳에 믿음을, 절망이 있는 곳에 희망을,
어둠이 있는 곳에 빛을, 슬픔이 있는 곳에 기쁨을.
♂ 주여, 위로하는 것만큼
위로 받으려 하지 않게 하시고,
이해하는 것만큼 이해 받으려 하지 않게 하시고,
사랑하는 것만큼 사랑 받으려 하지 않게 하옵소서.
왜냐하면 주는 가운데 우리가 받으며,
용서하는 가운데 우리가 용서를 받으며,
죽음을 통해 영원한 삶을 얻기 때문입니다.

아시시의 성 프란체스코(St. Francis of Assisi)

# CHAPTER 22

# 열심히, 그리고
# 방향감각을 유지하며

누구나 안전한 현재에 머물러 있을 수도,

발전을 위해 앞으로 나아갈 수도 있다.

그러나 발전은 지속적이고도 반복적으로 이루어져야 하며,

두려움은 지속적이고도 반복적으로 극복되어야 한다.

아브라함 매슬로(Abraham Maslow)

인생에서 하고 싶은 일을 정확하게 찾아낸다는 것은 쉬운 일이 아니다. 이를 위해서는 끊임없이 단련하고 세상의 잡음과 놀림에 마음이 흔들리지 않고 오직 우리의 영혼이 하는 소리에만 귀를 기울이며 스스로 결정하겠다는 자세가 요구된다. 지금 우리가 살아가는 세상은 우리에게 한시도 쉴 틈을 주지 않는다. 끊임없이 무언가에 매달려 있게 하여 인생에 대해 깊이 생각해볼 시간을 부족하게 만든다. 그리하여 짧은 인생을 더욱 짧게 만들어 놓는다.

프랑스 역사학자인 토크빌은 150년 전 미국을 여행한 후, "이렇게 철학적이지 않은 나라는 처음이다"라고 말하면서 다음과 같이 기술하였다.

'미국인들의 삶은 너무 실용적이고 너무 당혹스러우며 너무 활발하고 너무 적극적이어서, 사람들이 생각할 시간이 전혀 없다.'

오늘날 상황은 더욱 악화되었다. 우리는 오로지 성공을 위해 앞만 보고 질주한다. 돈과 재산만이 안녕과 행복을 가져다준다고 믿는다. 물론 그중에는 반드시 필요한 물건들도 있지만 대부분은 삶의 발전이나 만족감과는 거리가 먼 것들이다. 텔레비전, 라디오, 컴퓨터, 신문 및 잡지의 끊임없는 자극…. 우리를 자극하여 온갖 종류의 상품을 사도록 충동하는 광고 문구, 음향, 영상…. 이러한 자극과 충동들은 우리로 하여금 최신 경향이라는 허울에 빠지게 하여 결국 특정한 방식만을 따르게 하여, 모두가 비슷한 사람이 되고 만다. 그 결과 욕망을 채우는데 필요한 영양분만을 섭취한 사람들은 영혼을 풍성하게 하는 자양분을 얻지 못해 근심과 우울, 무기력이라는 정신병에 시달리게 된다.

《킬리만자로의 눈 *The Snows of Kilimanjaro*》에서 어니스트 헤밍웨이는 작가로서의 자신의 재능을 포기하고 안락과 편함만을 추구한 한 남자의 이야기를 그리고 있다.

돈 많은 여자와 결혼한 주인공은 아내와 사파리 여행을 하던 중, 그만 괴저병에 걸리고 만다. 온몸에 퍼진 병균은 다리를 서서히 마비시키고, 비록 고통은 없었지만 다리에서는 끔찍한 냄새가 난다. 그는 그렇게 아름다운 킬리만자로의 산 아래에서 조금씩 죽어간다. 하늘에는 흉측한 독수리들이 원을 그리며 그의 죽음을 기다리고 있다.

침대에 누워 마지막 숨이 차오르기를 기다리던 주인공은 잠시 자신의 과거를 회상한다.

그는 뛰어난 재능으로 상류사회에 진입할 수 있었다. 거기서 자신의 '보호자'인 현재의 아내도 만났다. 지난 수년 동안 쾌락과 안락에 안주한 채 더 이상 작가로서의 재능을 사용하지 않았다. 그의 열정과 욕망은 서서히 고갈되었다.

헤밍웨이는 이 장면을 다음과 같이 묘사하고 있다.

'글을 쓰지 않은 안락의 나날들. 그가 멸시했던 나날들은 그의 능력을 무디게 했으며, 글을 쓰려는 그의 의지를 약화시켜 마침내 전혀 글을 쓰지 않게 되었다. 이제 그는 선택의 여지가 없다.'

그가 비록 육체적인 고통 없이 죽어가고 있지만, 정작 그를 고통으로 몰아가는 것은 자신의 잃어버린 과거에 대한 후회와 이제 다시는 자신의 재능을 꽃피울 기회가 없다는 사실이었다.

인생을 통해 무언가를 성취하고자 한다면, 먼저 편안함과 안락함이라는 침대에 누워 움직이기를 싫어하는 우리의 본성을 극복해야 한다. 계획과 실천 사이를 한참이나 떨어뜨려 놓는 게으름을 몰아내야 한다.

"행동에는 비용과 위험이 따른다. 하지만 우리의 인생 전체를 망치는 게으름에 비하면 그 위험은 아무것도 아니다"라고 존 에프 케네디가 말했다.

현재의 이곳에 머물면서 우리의 꿈을 실현할 적절한 순간을 마냥 기다리다보면 자칫 힘과 잠재력에 대해 잘못된 판단을 내릴 수가 있다. 일에 대한 우리의 재능을 '오늘' 발휘하는 것이 아닌, 우리의 이상을 '오늘' 추구하는 것이 아닌, '내일 아니면 다음주에 하지'라고 스스로와 타협할 수 있다. 자칫 고통이나 위험이 없는 무언가 특별한 일을 할 수 있다는 환상을 품게 될 수도 있다.

우리는 더 깊은 내면, 진리가 숨어 있는 우리 존재의 핵심에서 스스로를 속이고 있음을 알고 있다. 또한 용기를 가지고 행동으로 옮겨야 한다는 것 역시 알고 있다. 하지만 하루하루가 지나면서 결심이 약해지고, 창의적인 능력은 빛을 잃는다.

레오나르도 다빈치는 자신의 일기에 '쇠는 쓰지 않으면 녹이 슨다. 물은 고여 있으면 순수함을 잃고, 차가운 날씨에 꽁꽁 얼어붙는다. 마치 게으름이 정신적인 활력을 소멸시키는 것처럼 말이다'라고 기록했다. 그리고 프랑스의 수필가 미셸 드 몽테뉴는 '최고의 재능도 나태함 앞에서는 파괴될 수 있다'고 했다.

게으름은 매력적으로 보일 수도 있다.
하지만 일은 만족감을 준다.
안네 프랑크(Anne Frank)

진지하게 일하는 사람에게는 항상 희망이 있다.
나태한 사람에게는 늘 절망만이 있을 뿐이다.
토마스 카일라일(Thomas Carlyle)

녹(錄)은 가장 좋은 쇠에 달라붙는다.
볼테르(Voltaire)

아는 것만으로는 충분하지 않다,
이를 적용해야 한다.
의지만으로는 충분하지 않다,
이를 실천에 옮겨야 한다.
괴테(Goethe)

즐기지도 않고 고통을 인내하지도 않는 소인들과
어깨를 나란히 하기보다는
실패로 끝날지언정 영광스런 승리의 경험을 위해
엄청난 일을 저질러보는 것이 훨씬 낫다.
왜냐하면 소인들은 승리도 패배도 모르는
회색의 불확실함 속에서 살고 있기 때문이다.
시어도어 루스벨트(Theodore Roosevelt)

## CHAPTER 23
## 그분 안에서의 그 달콤한 안식

휴식을 취하라.
휴식을 취한 땅은 풍성한 수확물을 준다.

오비드(Ovid)

잠재력을 발전시키려는 욕구에 지나치게 매달리다 보면, 자칫 삶 자체로서 느껴야 할 보물 같은 시간들을 놓칠 수도 있다. 에너지와 열정이 바닥나기 전에 우리는 휴식이라는 안식처를 찾아가야 한다. 인생의 참맛을 느낄 수 있는 이 휴식의 시간을 놓치지 않는 것도 하나의 재능이라고 할 수 있다. 우리는 이 재능 역시 개발하고 표현해야 한다. 다른 재능과 마찬가지로 키우고 발전시키지 않으면 서서히 퇴보하다가 결국 사라져버리기 때문이다.

우리 인생은 발전과 개발뿐 아니라 절제도 필요하다. 휴식과 일, 그리고 안락과 가치추구 사이에서 적절한 균형점을 찾아야한다. 혹시 자신이 어느 한쪽에 너무 치우쳐 있다고 생각되면 기도와 묵상, 예배를 통해 균형점을 찾도록 노력해보자.

마르다라는 이름을 가진 한 여인이 예수를 집으로 초대했다. 예수는 팔레스타인의 베다니로 여행을 하던 중이었다. 마르다가 귀한 손님을 맞이하기 위해 분주히 준비하는 동안 마르다의 동생 마리아는 예수의 발 아래 앉아 예수가 하는 말씀을 놓치지 않고 들었다. 그러자 마르다는 예수에게 말하였다.

"주여, 내 동생이 나 혼자 일하도록 내버려두는 것을 어떻게 생각하십니까? 동생에게 나를 도와주어라 하소서!"

예수가 대답했다.

"마르다야, 마르다야. 네가 많은 일로 염려하고 근심하나 몇 가지만 하든지 혹 한 가지만이라도 족하니라. 마리아는 더 좋은 편을 택하였으니 빼앗기지 아니하리라."

오늘날 우리들 대부분은 마르다에 비유될 수 있다. 우리는 많은 것들을 염려하고 근심한다. 일하랴, 결재하랴, 좋은 부모·친구·이웃이 되랴, 몸이 두 개라도 부족할 만큼 바쁘게 살아간다. 비록 이런 일들을 소홀히 해서는 안 되겠지만, 예수는 '더 좋은 일이 있다'고 지적한다. 더 좋은 것이란 무엇일까? 그것은 예수의 발 아래 앉아 그의 말을 듣는 일이었다. 예수를 대접하기 위해 동서분주하는 일보다…. 그것은 우리가 짐작한대로 하나님과 더 깊은 교제를 하는 것이다.

예수는 설교를 통해 기도와 행동, 믿음과 일 사이에서 균형을 이루고 있는 본보기를 한 가지 보여준다. 예를 들어 예수는 사막에서, 산에서, 성전에서, 정원에서, 그리고 십자가 위에서 기도했다. 요한복음에서 그는 "나는 아무것도 스스로 할 수 없노라. 내 팔은 내 뜻대로가 아니라 나를 보내신 이의 뜻대로 움직이느니라. 이 일을 행하시는 이는 내 안에 살아 계시는 아버지이니라" 라고 말했다.

기도에서 하나님을 찾는다는 것은, 그분과의 대화 또는 그분에게 쓰는 일기를 뜻한다. 이를 통해 우리는 혼란에서 질서로, 근심에서 평온으로, 절망에서 희망으로 변한 세상을 발견할 수 있다. 다시 말해 하나님을 우리의 스승이며 안내자로 삼는 것이다.

지미 카터의 말대로, 전지전능하신 하나님과 조화를 이루며 산다면 우리는 더 강해지고, 전지전능한 하나님의 눈으로 세상을 보면 우리는 더 현명해질 것이다.

우리 모두는 우리만의 재능을 최대한 발휘하고 선한 일을 행하라는 부름을 받았다. 따라서 우리의 삶에서 영혼을 살찌우며 늘 균형을 찾도록 노력해야 한다. 이때 기도는 발전과 힘의 근원이다. 하나님은 우리 안에서 우리를 통해 일을 시작하신다. 하나님과의 더 깊은 교제를 통해 우리는 에너지를 충전하고 여행의 안내자를 얻게 된다. 그분 안에서의 휴식, 우리는 이 시간을 통해 우리가 앞으로 가야할 길을 천천히 바라보는 기회를 항상 염두해야 한다.

현재를 놓치면 현재의 달콤함은 다시 맛볼 수 없다.

에밀리 디킨슨(Emily Dickinson)

사소한 것들을 즐겨라.
어느날 뒤를 돌아볼 때 그것들이야말로
중요한 것이었음을 깨닫게 될 것이다.

(작자 불명)

기도를 멈추는 것은
하느님의 축복이 쏟아져 들어오는 문을
스스로 닫는 것이다.

아빌라의 성 테레사(St. Theresa of Avila)

내 비결은 간단하다. 기도를 하는 것이다.

테레사 수녀(Mother Teresa)

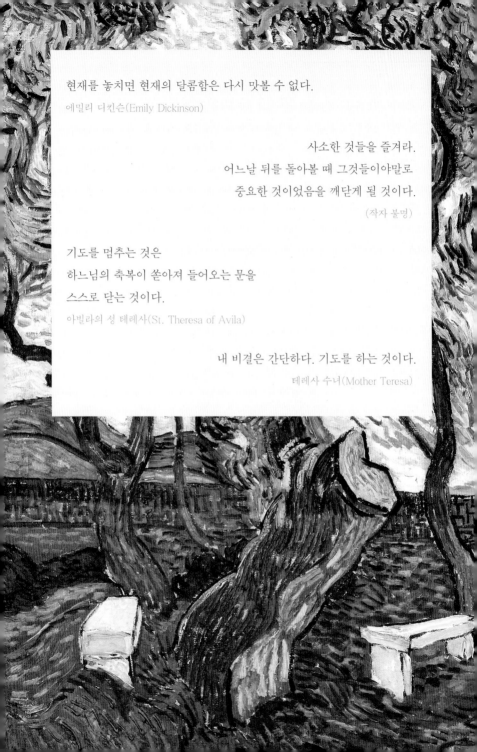

# CHAPTER 24

# 신세계는 도전하는 자의 것

미래는 자신이 가진 꿈의 아름다움을
믿는 사람들의 것이다.

엘리너 루스벨트(Eleanor Roosevelt)

고대 지도를 본 적이 있는가? 지도 한쪽에 그려진 사나운 용을 본 기억은? 작가이자 창의력 컨설턴트인 로저 본 오크에 의하면, 고대 지도를 만든 사람들은 미지의 세계 너머를 그리고 싶을 때, 위험을 상징하는 용을 그려 넣었다고 한다.

미지의 세계로 들어가고 싶은 탐험가라면 자신은 물론 자신의 부하와 동료들마저도 위험에 처하게 할 각오가 있어야 했다. 대부분의 탐험가는 지도 위의 용이 두려워 그 지점에 가볼 엄두조차 내지 못했으나, 몇몇은 새로운 것을 발견하거나 부자가 될 수 있는 기회로 삼았다.

우리 모두는 '정신적인 지도'라는 것을 가지고 있다. 그 지도에도 우리의 한계를 벗어난다고 느껴지는 지역에는 예외 없이 용이 그려져 있다. 때때로 이 용은 우리를 위험으로부터 지켜주기도 한다. 그렇지만 대부분의 경우 우리의 앞길을 가로막고 서서 시도하는 것조차 두려워하게 만든다. 그래서 손만 뻗으면, 도착하기만 하면 얻을 수 있는 것들을 놓치게 만든다.

우리는 휴식과 일, 행동과 기도 사이에서 균형을 찾는 것이 얼마나 중요한지 이미 말한 바 있다. 마찬가지로 안정과 발전, 안전과 잠재력의 발견 사이에서 균형을 찾는 것 또한 중요하다.

삶은 늘 불확실성을 내포한 어려운 방정식이다. 사회적으로, 정치적으로, 그리고 경제적으로 우리는 위험한 시대에 살고 있다. 우리는 순식간에 발 밑의 땅이 갈라져 절벽 아래로, 또는 소용돌이치는 바다로 빠져 서센 물살과 차갑고 어두운 파도 속으로 가라앉을 수도 있다고 느낀다. 심지어 개인적인 삶에서조차 우리가 통제할 수 있는 건 많지 않다. 노력만으로 원하는 모든 것을 얻어낸다는 보장도 없다. 우리는 이 사실을 인정하지 않을 수 없다. 그래서 우리는 이따금 안전하게 머물 수 있는 피난처를 찾으려고 애쓴다.

우리의 안전을 걱정하는 것도 물론 중요한 일이다. 특히 우리가 보호해야 할 가족이 있는 경우에는 더욱 그렇다. 하지만 우리가 자신을 보호하기 위해 쌓은 벽이 두꺼우면 두꺼울수록, 우리는 더 많은 장애물과 맞닥뜨릴 것이다. 운명의 바람으로부터 우리 자신을 보호한다는 것은 우리 스스로를 위축시키는 일이며, 발전과 성숙을 향해 앞으로 나아갈 수 없게 만드는 일이다. 그러므로 안정되고 만족한 삶을 사는 일 사이에서 균형을 찾아야 한다.

"아주 오랫동안 육지를 보지 못한다는 각오가 없이는 새로운 땅을 발견할 수 없다"고 앙드레 지드는 말했다. 원하는 것을 정말 얻고자 한다면 기꺼이 위험을 감수해야 하며, 안정과 친숙함을 떠날 각오를 해야 한다.

떠나기 위해서는 많은 준비가 필요하다. 우리 자신과 우리가 사랑하는 사람들을 불필요한 위험에 빠뜨리지 않을 만큼 신중해야 하고, 할 수 있는 것과 할 수 없는 것을 잘 결정해야 하며, 항해 계획을 치밀하게 세우고 최고의 항해 도구를 사용하며 안녕과 생존을 위한 필수품으로 배를 든든히 채워야한다. 어렵고 귀찮은 일이다.

힘든 일은 그 뒤부터 시작이다. 익숙한 곳으로 부터 멀어져 미지의 세계로 힘차게 나아가야 하기 때문이다. 열대 무풍지대나 거센 폭풍우가 몰아치는 바다 한가운데에 갇혀 꼼짝 못할 때도 있을 것이다. 그러나 이것은 자신의 발전과 충만한 삶을 살기 위해 우리가 반드시 지불해야 하는 대가이다.

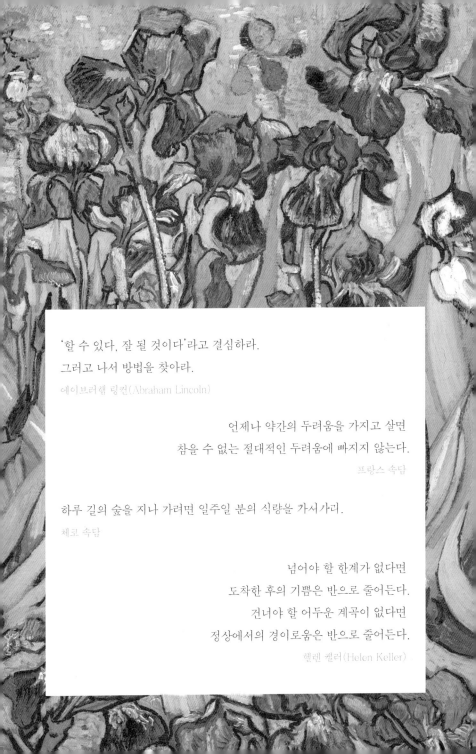

'할 수 있다, 잘 될 것이다'라고 결심하라.
그러고 나서 방법을 찾아라.

에이브러햄 링컨(Abraham Lincoln)

언제나 약간의 두려움을 가지고 살면
참을 수 없는 절대적인 두려움에 빠지지 않는다.

프랑스 속담

하루 길의 숲을 지나 가려면 일주일 분의 식량을 가서 가지.

체코 속담

넘어야 할 한계가 없다면
도착한 후의 기쁨은 반으로 줄어든다.
건너야 할 어두운 계곡이 없다면
정상에서의 경이로움은 반으로 줄어든다.

헬렌 켈러(Helen Keller)

CHAPTER 25

# 생계를 유지하는 것,
# 재능을 꽃피우는 것

생계 유지는 얻는 것으로,
진정한 삶은 주는 것으로….
아서 애쉬(Arthur Ashe)

우리 중에는 뛰어난 재능을 발휘하면서 동시에 생계도 든든히
유지하는 사람들이 있다. 우리는 그들을 '운 좋은 사람들'이라 부
른다. 하지만 대부분의 사람들은 타고난 재능을 발휘하기보다 살
기 위해 필요한 일들을 하는 데 더 많은 시간을 투자한다.

예를 들어 의사나 대학 교수가 되기로 했을 때, 이 일을 통해
재능을 발휘하면서도 돈을 벌려면 수 년 내지 수십 년 동안 공부
를 해야한다. 사업가가 되고 싶다면, 안정적인 봉급 생활을 포기
해야 한다. 예술가나 작가의 경우 천부적인 재능을 발휘하면서

생계를 유지하기란 더더욱 쉽지 않다. 어쨌든 예술가도 먹어야한다. 만약 당신에게 가족이 있다면 해야할 일은 더 많아진다.

처음 이솝우화를 읽으면서 눈이 번쩍 뜨이는 이야기가 하나 있었다. 물을 마시기 위해 연못으로 내려간 숫사슴에 관한 이야기이다.

사슴은 연못을 들여다보다가 물에 비친 자신의 모습을 본다. 그리고 자신의 아름답고 장엄한 뿔에 넋이 나간다. 동시에 그는 피골이 상접한 두 다리를 보고 수치심을 느낀다.

늦은 오후 들에서 풀을 뜯던 사슴은 풀이 무성한 숲에서 자신을 향해 살금살금 접근하고 있는 사자 한 마리를 발견한다. 사슴은 날렵하고 빠른 다리를 이용해 사자를 여유 있게 재치며 안전한 곳까지 도망을 간다. 하지만 나무가 울창한 숲으로 들어가자 뿔이 나뭇가지에 걸리고 만다. 뒤따라오던 사자는 무시무시한 발톱과 이빨로 사슴을 덮친다.

숙기 직선 사슴은 생각한다.

'슬프도다. 내가 부끄러워한 이 다리가 내 목숨을 구했는데, 그토록 자랑스러워했던 내 뿔이 나를 죽음에 이르게 하는 구나.'

당신에게도 자랑스러운 무언가가 있을 것이다. 이 세상과 공유하고 발전시켜야 할 의무가 있는, 선천적인 재능 말이다. 그렇지만 하나님은 당신에게 실질적인 재능과 능력을 따로 주어 경제적인 문제를 해결하도록 하셨다.

"인간성을 고양시키는 모든 일은 존엄하고 중요하며 온갖 정성과 노력을 기울여 행해져야 한다"고 마틴 루터 킹은 말했다. 당신의 재능은 자아의 유지와 성장, 안전과 위험감수 사이에서 인생의 균형점이 되어줄 것이다.

랍비 모세가 죽은 후,
코츠의 랍비 멘델이 한 제자에게 물었다.
"네 스승에게 가장 중요한 것은 무엇이었느냐?"
그 제자는 잠시 생각하다가 대답했다.
"무슨 일이건 현재 스승님께서 하고 계신 일이었습니다."
하시디즘(Hasidism)

하느님과 이웃에 우리의 사랑을 보여주려면
굳이 굉장한 일을 할 필요가 없다.
하느님께서 아름답게 보시는 것은
우리의 행동에 들어 있는 뜨거운 사랑이다.
테레사 수녀(Mother Teresa)

우리의 사명은
멀고 두 희미한 것을 보는 것이 아니라
가깝고도 분명한 것을 하는 것이다.
토마스 카일라일(Thomas Carlyle)

불가능하다는 것을 알려면 직접 해봐야 한다.
영국 속담

## CHAPTER 26
# 당신이 지체할 동안에도
# 시간은 지체하지 않는다

이 날은 여호와가 만드신 날이라.
이 날에 우리가 즐거워하고 기뻐하리로다.
시편 118편 24절(Psalms 118:24)

도스토옙스키는 자신의 소설에서 사형선고를 받은 한 남자의 이야기를 하고 있다. 남자는 교수대로 끌려갔고, 한 신부가 그의 마지막 고해성사를 듣기 위해 그 옆에 서있었다. 이제 그에게 남은 시간은 겨우 몇 분밖에 되지 않았다.

죽음 앞에 선 그에게 문득 다음과 같은 생각이 들었다. '만약 내가 죽지 않는다면! 내게 다시 삶이 주어진다면…, 아! 그 영원함. 그 영원한 시간을 모두 나의 것으로 만들 것이다! 1분을 1년같이 살 것이다. 난 더 이상 잃어버릴 것이 없다. 매 분마다 그

시간을 셀 것이며, 단 1분도 낭비하지 않으리라!'

생에 대한 그의 바람이 하늘에 닿았던 것일까? 사형이 집행되기 직전, 그는 극적으로 감형되어 집행유예를 받고 풀려난다.


페트라셰프스키 사건으로 실제 총살형을 선고 받았지만 가까스로 형의 집행이 유예되었던 도스토옙스키 자신의 이야기를 근거로 한 이 소설은, 삶의 벼랑에 내몰렸을 때에서야 비로소 삶의 소중함을 깨달을 수 있다는 것을 보여주고 있다.

사소한 일과 근심거리들. 우리는 그것을 쫓느라 한번 지나가면 다시 돌아오지 않는 시간을 함부로 쓰는 경향이 있다. 사실 숨 막히는 하루 일과와 시대가 주는 무언의 압력은 때때로 너무도 위압적이어서 우리를 불행하게 만들며 심지어 혐오스러움까지 느끼게 한다.

하지만 당신이 만약 사형선고를 받았고, 살 수 있는 시간이 겨우 몇 시간 아니 몇 분밖에 남지 않았다면, 당신은 삶을 어떻게 대하겠는가? 지나온 날을 어떻게 돌아보고 앞으로는 어떻게 살겠노라고 다짐하겠는가? 이에 대한 대답이야말로, 현재 당신이 어떻게 살아야 할 것인가를 가장 정확히 말해주는 것이다.

사실 우리 모두는 시한부이다. 우리의 영혼이 육체와 언제(5분 혹은 5년 아니면 50년 후에) 이별 하게 될지는 아무도 모르지만, 우리에게 주어진 시간들이 너무나 짧은 것만은 분명하다. 그렇기에 주어진 시간을 귀중하게, 그리고 소중하게 사용해야 한다.

"우리에게 허용된 삶이라는 시간은 매순간 줄어들고 있다"고 세네카(Lucius Annaeus Seneca: 로마의 철학자, 극작가, 정치가 _역자 주) 는 말했다. "자갈 덮인 해안을 향해 파도가 이는 것처럼, 시간은 끝을 향해 빠르게 흘러간다"고 셰익스피어도 시간의 유한성에 대해 말했다.

죽음은 우리의 존재를 제한하지만, 의미를 부여하기도 한다. 만약 우리가 이 지구상에서 우리의 문제를 해결하고 재능과 잠재력을 실현할 수 있는 영원한 시간을 가지고 있다면, 서두를 필요도 없고 지금 바로 행동해야 할 이유도 없을 것이다. 대신 우리의 나날들은 목적과 가치를 상실하고 말 것이다.

잠시 눈을 감고, 내가 혹은 사랑하는 사람이 죽었다가 잠깐 살아났다고 상상해보자. 얼마나 소중하고 행복한 시간이겠는가? 단 1초라도 헛되이 보낼 수 있겠는가? 이제 그러한 마음으로 주위 사람들을 대해보라. 그리고 당신에게 주어진 시간들을 그렇게 사용하겠다고 다짐해보라.

어려움도 해결하고, 자신의 잠재력도 실현하고, 만족할 만한 생활을 할 수 있도록 시간은 충분히 주어지지 않는다. 지금 당장 시작하지 않으면, 결심은 약해지고 에너지는 줄어들어 결국 점점 더 어려워질 뿐이다. 우리의 삶은 지나가는 시간들이 모여서 이루어진다. 그럼에도 우리는 너무나 부주의하게 이 시간들을 흘려보낸다. 시간이 살아 숨쉬도록 해야 할 때 시간을 죽이고 있는 것이다.

만약 당신이 이런 모습이라면 스스로에게 물어보라. 앞으로 나는 얼마나 많은 일출을 볼 것인가? 앞으로 얼마나 많이 해변을 거닐 것이며, 산을 오를 것인가? 앞으로 얼마나 더 내 배우자와 아이를 포옹할 것인가? 사랑하는 친구를 몇 번이나 더 만날 것인가? 앞으로 얼마나 더 내 꿈을 추구하고 만족한 삶을 살 것인가?

벤자민 프랭클린은 이렇게 말했다. "오늘 부름을 받을 때에 일을 하라. 당신이 내일 얼마나 많은 방해를 받게 될지 모른다. 하나의 오늘은 두 개의 내일보다 더 가치가 있다. 오늘 할 수 있는 일을 설대 내일토 미루지 말라."

가장 지혜로운 자는
허송 세월을 가장 슬퍼한다.
알리기에리 단테(Alighieri Dante)

인생은 짧다.
하지만 우리는 부주의하게 시간을 낭비하여
짧은 인생을 더욱 짧게 만든다.
빅토르 위고(Victor Hugo)

당신은 시간이라는 보물을 무심코 버리고 있다.
윌리엄 셰익스피어(William Shakespeare)

언제라도 삶과 작별할 수 있다는 마음의 준비와
여분의 삶을 뜻밖의 선물로 받아들이는 마음으로
그렇게 삶을 살아야 한다.
마르쿠스 아우렐리우스(Marcus Aurelius)

당신이 삶을 사랑한다면 시간을 낭비하지 않는 게 좋다.
시간이야말로 인생을 형성하는 재료이므로….
벤자민 프랭클린(Benjamin Flanklin)

# CHAPTER 27

# 현재 내게 가장 중요한 일

당신은 때로 지체하지만,

시간은 한번도 지체하지 않는다.

벤자민 프랭클린(Benjamin Flanklin)

당신이 세상에 주는 기여는 유일무이한 것이다. 당신과 똑같은 사람, 똑같은 경험·가치·재능을 가진 사람은 지금까지 한 번도 태어난 적이 없다. 세상에 대한 뚜렷한 비전을 당신보다 더 많이 가졌던 사람도 없다. 개개인을 유일무이하게 만드는 이러한 차이점들은, 모든 이들이 세상에서 없어서는 안 될, 꼭 있어야 할 사람으로 만들어준다. 오직 당신만이 당신의 운명을 채울 수 있으며 비전을 현실로 만들 수 있다.

누군가에게 어느 길로 가라고 말하는 것은 불가능하다. 만약 누군가에게 가야 할 길을 지시하고 있다면, 그것은 애정 어린 용기와 사랑의 후원이 아니라 다른 사람의 삶을 지배하고 통제하여 오히려 그에게 피해를 주고 있는 것일 수도 있다.

내면의 작은 목소리는 오직 자신만이 들을 수 있다. 오직 당신만이 온 힘과 온 마음을 다해 이 길을 따라갈 수 있는 의지와 결단을 품을 수가 있다.

이는 우리가 언제라도 다시 시작할 수 있다는 용기를 준다. 비록 우리가 잘못된 길로 접어들었다 할지라도 우리는 지금 이 순간, 희미하게 꿈꿔오던 삶을 살기로 다시 결심할 수 있다. 우리만의 특별한 재능을 개발하고, 존재의 경이를 만끽하며 삶을 이 세상에 대한 선물로 만들면서 말이다. 설사 우리가 실수를 했다 할지라도 또는 사람들에게 상처를 주거나, 시간을 낭비하고, 기회를 놓쳤다 할지라도 우리는 지금 이 순간부터 앞으로 남은 나날들을 최고로 만들기로 다시 결심할 수 있다.

"가장 낮은 곳에 가장 높은 곳으로 올라가는 길이 있다"고 카일라일은 말했다. 하지만 이 길을 다다르려면, 우리를 목표에 다가갈 수 있도록 해주는 것만을 바라보아야 한다. 그리고 중요하지 않는 것에는 가급적 관심을 줄이고 우리의 삶을 충만하게 만들 수 있는 것만을 바라보도록 노력해야 한다.

우리 시대의 하루는 너무도 바쁘고 복잡해졌다. 휴식은 없고, 소음과 분주함만이 가득하다. 이렇게 우리를 압박하는 수많은 요구에 맞춰 달려가다 보면 에너지만 고갈될 뿐, 정작 손 안에는 아무것도 남아 있지 않을 것이다. "수천 가지 생각에 정신이 마비된 상태에서는, 우리 안에 갑자기 생겨난 훌륭한 재능을 결코 꽃피울 수가 없다"고 괴테는 말했다.

어떤 선택을 하느냐에 따라 우리가 하는 일의 대부분은 재능과 능력을 보다 훌륭히 발휘할 수 있는 활동으로, 우리의 꿈에 보다 가까이 다가갈 수 있는 일로 바뀔 수 있다. 이는 시간을 얼마나 효율적으로 사용하느냐에 달린 문제이다. 하루에도 몇 번씩, 우리는 스스로에게 시간을 어떻게 사용하고 있는지 자문해 보아야 한다.

'내가 지금 하고 있는 일이, 아니 지금 하려고 하는 일이 정말 중요한 일인가? 그 일이 내 재능을 표현하고 있는가? 이상에 가까이 다가갈 수 있도록 해주는 일인가? 내 가족과 내가 살고 있는 세상에 최고의 기여를 할 수 있는 일인가?'

만약 대답이 '아니오'라면, 또는 다른 더 중요한 일을 할 수 있는 여지가 있다면 지금 하는 일을 대신 당신이 '예(Yes)'라고 말할 수 있는 일, 당신의 마음이 '예'라고 생각하는 바로 그 일을 하라.

로슈푸코는 "사소한 일에 지나치게 많은 관심을 쏟는 사람들은 대체로 위대한 일을 할 수가 없다"라고 말했다.

우리가 이루고자 하는 위대한 일은, 미지의 바다를 항해할 때 지침으로 삼는 밤하늘의 북극성과도 같다. 어쩌면 우리는 현재 우리가 있는 곳에서 맡은 바 임무를 처리하여 결실을 맺고, 더 사랑스런 부모와 자녀, 배우자가 됨으로써 책임과 의무를 다하라는 소명을 받고 있는지도 모른다. 우리는 발전시키고 추구해야 하는 특별한 꿈이나 재능을 가지고 있다. 우리의 짧은 인생이 헛되지 않도록 말이다.

오직 당신만이 자신의 길을 결정할 수 있다. 이 결정은 당신 인생에서 가장 중요한 도전이기도 하다. 결정한 다음은 단순하다. 목표를 향해서 당신이 가지고 있는 모든 에너지와 시간에 초점을 맞추면 된다.

"정원사가 나무에 가지치기를 해주어 가장 굵은 한두 개의 가지만 올라갈 수 있도록 해주는 것처럼, 잡다한 일을 잘라내고 한 가지 혹은 몇 가지 중요한 일에 모든 힘을 집중해야 한다"고 에머슨은 충고했다.

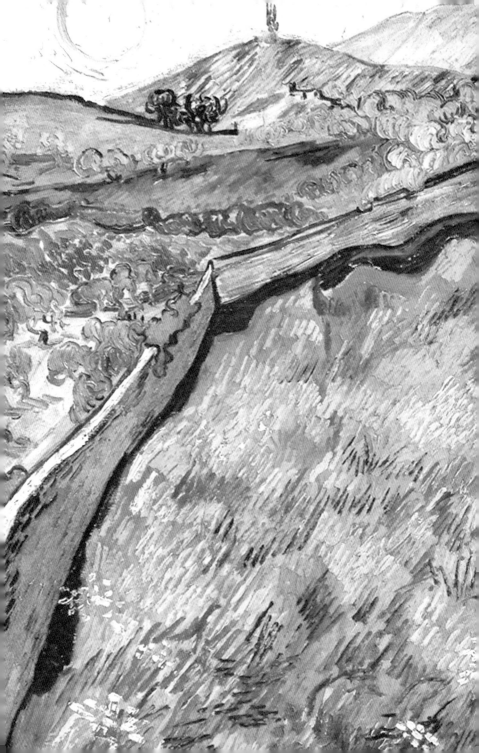

지금 이 순간,
말은 한 방향으로만 달려간다.
유대 속담

목적지에 도착하려면 한 길로만 가라.
세네카(Seneca)

어느 날 앨리스는
두 개로 갈라진 길에 도착하였다.
나무 위에 고양이 한 마리가 앉아 있었다.
길을 모르는 앨리스는 고양이에게 물었다.
"어느 길로 가야 하지?"
고양이는 대답 대신 이렇게 물었다.
"어느 길로 가고 싶은데?"
"모르겠어."
"그럼, 어느 쪽이건 상관없잖아."
루이스 캐롤(Lewis Carroll)

목적 없이 항해하는 사람은,
바람의 힘을 빌릴 필요가 없다.
미셸 드 몽테뉴(Michel de Montaigne)

CHAPTER 28
# 앞서간 사람들의
# 어깨에 의지하라

성공에는 무엇보다 치밀한 준비가 선행되어야 한다.
준비가 없이는 실패만 있을 뿐이다.

공자(孔子)

비록 당신의 능력과 목적이 오로지 당신의 내면 깊숙한 곳에서 나온다 할지라도, 당신보다 먼저 왔던 사람들에게서 배울 점은 너무나도 많다.

2세기 전, 예술가인 조수아 레이놀즈는 옥스퍼드 대학에서 예술가의 독창성과 발전에 관한 강의를 했다. 독창성의 중요성을 강조하면서, "예술가는 선배들의 위대한 작품을 음식과 영양분처럼 매일매일 섭취해야 한다"고 말했다. 앞선 천재들의 작품을 들여다보고 연구하면서, 예술의 힘을 얻게 됨은 물론이고 탁월하면서도 단순한 그들의 정신을 이해하게 된다는 것이다.

예술가는 이러한 명작들을 연구하면서 배운 것을 자신의 경험과 결합시켜 새로운 형태와 패턴을 만들어낸다. "엄격히 말해 발명이란 기억 속에 담아 두었던 이미지들의 새로운 결합일 뿐이다. 무(無)에서는 아무것도 만들어질 수 없다. 재료를 모으지 않은 사람은 짝을 맞출 수가 없다"고 레이놀즈는 말했다.

시대를 막론하고 혁신적이고 창의적인 인물들은 교육과 준비의 중요성을 강조했으며, 앞선 시대의 사람들에게 우리가 얼마나 많은 빚을 지고 있는지 잘 알고 있었다.

"내가 더 멀리 볼 수 있었던 이유는 위인들의 어깨에 의지하고 있었기 때문이다"고 뉴턴은 말했다. "배움의 뿌리는 쓰지만, 그 열매는 달다"고 아리스토텔레스도 교육의 중요성을 강조했다.

알베르트 아인슈타인은, "하루에도 수 차례 나는 나의 내적·외적 삶이 내 동료들의 노력에 의해 얼마나 많이 만들어지고 있는지를 깨닫는다. 살아 있는 동료와 죽은 동료 모두 말이다. 그리고 솔직히 내가 받은 만큼 돌려주려면 얼마나 많이 노력해야 할 지…. 무한한 책임감을 느낀다"라고 고백했다.

모범이 되는 사람들의 삶과는 달리 우리만의 또 다른 길을 걸는다 할지라도, 평범하고 천편일률적인 것을 뛰어넘어 자신의 능력과 목표를 위해 고군분투했던 그들에게서 많은 것을 배울 수 있다. 비록 우리의 길이 그들과 약간은 다를지라도, 우리는 그들을 보며 힘과 용기를 얻을 수 있다. 반드시 성공만이 아니라 실패일지라도 말이다.

중국 속담에 이런 말이 있다. '앞에 있는 길이 어떤지 알려면, 돌아오는 사람에게 물어보라.'

잠시 생각해보자. '내 여정에서 나를 도울 수 있는 사람은 누구인가? 이 길을 앞서간 사람은 누구인가?' 만약 그 사람을 만날 수 있다면, 우선 그 사람을 만나도록 하라. 짧은 편지로라도 말이다. 보장할 수는 없지만, 그가 당신을 적극적으로 도와주고 싶어할지도 모른다. 자신의 길을 뒤따라오는 사람에게 자신의 지혜를 가르치는 것을 세상에서의 자신의 몫으로 생각하는 사람일 수도 있기 때문이다.

옛날 한 소년이 뒷마당에서 끙끙대며 무거운 돌을 들어 올리고 있었다. 소년은 있는 힘을 다해 들어 올렸지만 돌은 꿈쩍도 하지 않았다.

소년의 아버지가 물었다.

"얘야, 그 돌을 들어 올리기 위해 네가 할 수 있는 일을 다 했느냐?"

소년은 풀이 죽어 대답했다.

"그럼요. 다했고 말고요!"

"정말 다했다고 생각하느냐?"

아버지가 소매를 걷어붙이며 말했다.

"나한테 도움을 청하지 않았잖느냐."

도움과 가르침을 청하는 일은 간혹 기회의 문을 열어주는 열쇠가 될 수도 있다. 도움을 줄 사람을 직접 만나는 것 외에도, 책을 통해 당신이 의지할 위인을 만날 수도 있다.

"책은 훌륭한 정신을 키우는 소중한 양식이다"고 존 밀턴은 말했다.

몇 시간의 독서에서, 시간과 공간을 초월한 만남에서 당신의 삶을 변화시키는 진리를 발견할지도 모른다. 또 두려움과 실망을 뛰어넘어 앞으로 나아가는 데 필요한 영감을 발견할지도 모른다. 자신의 꿈을 추구하면서 힘든 장애를 극복한 사람들도 있다. 그들을 본보기로 삼고 힘을 얻어 당신도 그들처럼 나아갈 수 있다.

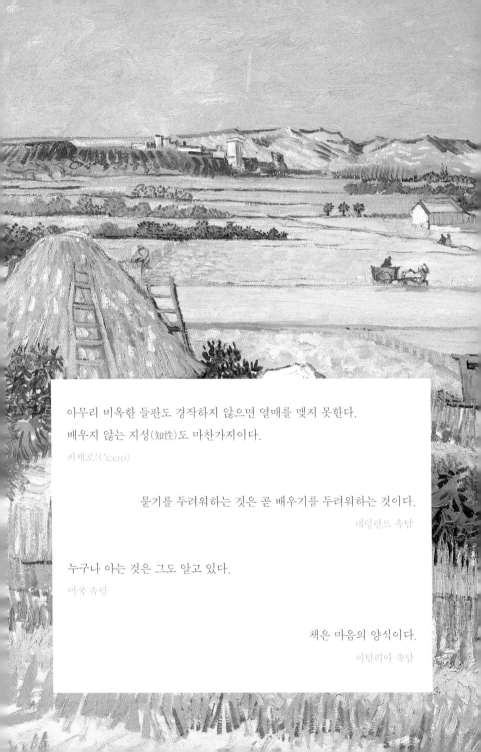

아무리 비옥한 들판도 경작하지 않으면 열매를 맺지 못한다.
배우지 않는 지성(知性)도 마찬가지이다.

키케로(Cicero)

묻기를 두려워하는 것은 곧 배우기를 두려워하는 것이다.

네덜란드 속담

누구나 아는 것은 그도 알고 있다.

미국 속담

책은 마음의 양식이다.

이탈리아 속담

# CHAPTER 29

# 당신의 삶을 변화시키는
# 네 단어

새 날, 새 운명
러시아 속담

재능의 정상에 다다르는 여정은 지금 우리가 있는 이곳에서부터 시작된다.

"작은 기회는 위대한 일의 시작이다"라고 데모스테네스(고대 그리스의 정치가, 웅변가 _역자 주)는 말했다. 단테는 "아주 작은 불꽃에서 장엄한 화염이 폭발한다"고 말했다.

우리는 종종 준비가 되어 있지 않다고 느끼면서도 마지못해 첫걸음을 내딛기도 한다. 그러면서 우리는 시작도 하기 전에 모든 것이 제대로 갖추어져 있기를 바란다. 하지만 사실, 시작하기도 전에 제대로 갖추어져 있는 일이란 없다. 따라서 문제는 '만약 더 좋은 수단을 가지고 있다면 무엇을 하겠는가가 아니라, 현재 가지고 있는 수단으로 어떻게 할 것인가?'이다. 또한 '보다 나은 기회를 갖는다면 무엇을 할 것인가가 아니라, 지금 당장 손에 넣은 기회를 가지고 무엇을 할 것인가?'가 되어야 할 것이다.

수 세기 전, 이탈리아의 조각가 도나텔로는 거대한 대리석 덩어리를 구입했다. 하지만 그는 흠과 갈라진 틈이 너무 많다는 이유로 대리석을 반품했다. 그의 곁에 있던 미켈란젤로도 대리석을 살펴보았다. 그 역시 흠이 있음을 발견했지만, 그 흠을 예술가로서 자신의 기술에 대한 도전으로 받아들였다. 그래서 도나텔로가 반품한 대리석 덩어리를 다시 사들여서 그것으로 시대를 초월한 불후의 명작을 만들어냈다. 그것이 바로 그 유명한 다윗 상이다.

어떤 사람들(도나텔로)은 자신의 부족함은 숨긴 채 현재 있는 것으로 최선을 다하지 않고 부족한 것만 탓한다. '대리석의 흠' 때문에 자신의 재능을 충분히 발휘할 수 없다고 푸념하는 것이다. 반면에 어떤 사람들(미켈란젤로)은 모든 것이 완벽해 질 때까지 기다리지 않고 자신이 처한 상황에서 최선을 다한다. 그들의 성공 열쇠는 뜨거운 불에서 세심한 손길에 의해 정성껏 연마된 것이다. 만약 성공으로 가는 길이 있다면, 그것은 한 번에 한걸음씩 천천히 걸어가는 것이다.

사실 황금같은 기회는 우리가 잡을 수 있을 만큼의 거리에서 기다리고 있다. 그 첫걸음은 특별하지 않을 수도 있다. 사실 그것은 거대한 도약이 아니라, 단지 한 걸음이다. 하지만 한 걸음일지라도 최선을 다한다면, 우리는 그다음 그리고 그다음 걸음을 내디딜 수가 있는 것이다.

"중요한 것은 멀리 있는 것을 보는 것이 아니라, 손에 분명히 들려 있는 것을 하는 것이다"라고 토마스 카일라일은 충고했다.

"사소한 것들을 실천하라. 그런 다음 조금 더 중요한 일로 옮겨가라. 멀리 있는 것을 목표로 삼되 가까이 있는 것을 무시하지 말라"고 에픽테토스(그리스 스토아 학파 철학자 _역자 주)가 말했다.

언젠가 테레사 수녀는 베네딕트 그로스첼 신부에게 "내가 만약 캘커타 거리에서 죽어가는 한 남자를 구하지 않았다면, 자신과 선교사들은 수십만 명의 사람들을 도울 생각을 하지 못했을 것이다"라고 말했다. 그녀의 선교는 사람을 불쌍히 여기는 작은 마음과 그 순간 하나님의 명령에 '예'라고 대답하며 행동으로 실천하면서 시작되었다. '천리 길도 한 걸음부터'라는 속담이 있다. 당신은 오늘 어떤 걸음을 내디딜 것인가? 당신은 어떻게 '예'라고 대답할 것인가?

비록 우리가 모든 일을 통제할 수는 없다 할지라도, 어느 정도 스스로의 결정과 행동으로 삶을 만들어 나갈 수는 있다. 주어진 순 간, 주어진 날에 우리가 선택할 수 있는 일들은 많다. 이런 일들 가운데 하나를 결정하여 우리 삶과 우리가 살고 있는 이 세상의 영원한 부분으로 만드는 것이다. 이런 식으로 우리는 자신의 운 명을, 나아가 인류의 운명을 구체화하고 책임지는 것이다. 이 것 이 우리의 가장 큰 자유이며 가장 중요한 임무일 것이다.

오늘을 새로운 출발점으로 삼아라. 당신의 미래는 과거와 달라야 한다고 생각하라. 지금 중요한 것은 오직 현재 나아가고 있는 방향이다. 어제는 이미 지나가버렸다. 다시 돌아갈 수도 없다. 그리고 어제에 안주해 있는 것은, 오늘을 포함한 남은 인생을 명작으로 만들 기회를 훼손시킬 뿐이다. 현재의 시간을 붙잡고 한 가지 일에 매달려 올바른 길로 나아갈 수 있도록 하라. 지금까지의 당신 인생이 본보기가 되지 못했다면 오늘 당장 비극을 승리로, 두려움을 믿음으로, 잃어버린 기회를 적극적인 행동으로 바꾸겠다는 내용의 문장을 써 보아라. 당신의 인생이 값진 스토리가 될 때까지 하루 한 문장씩 계속 써보아라. 그런 의미에서 '새 날, 새 운명'이란 단어는 당신의 삶을 변화시킬 수도 있을 것이다.

첫걸음은 우리를 무척 두렵게 만든다. 앞에 펼쳐진 길에 번뇌와 고통이 놓여 있지는 않을까 미리 걱정하게 만든다. 우리의 꿈이 산산이 부서질까봐 두려워하고, 돌부리에 발이 채여 비틀거리고 바보처럼 보일까봐 걱정하게 한다.

그렇다, 앞에 놓인 길에는 분명 어려움이 있을 것이다. 이상과 현실의 사이에서 고통의 쓴 맛을 경험할 수도 있다. 그러나 첫걸음을 내딛으며 행동으로 옮기는 순간, 인생은 시련과 고난만 있는 것이 아니라 승리와 초월도 있으며 성장이 선물로 주어진다는 더 깊은 깨달음에 이르게 될 것이다. 행동으로 옮기면서, 미래의 기쁨을 위해 현재의 고통을 인내하는 가운데 우리는 눈을 뜨고 인생의 색깔과 맛을 느끼며 그 아름다운 조화와 리듬을 들을 수 있다. 인생의 쓸쓸함을 맛보지만, 인생의 달콤함 또한 맛볼 것이다.

무엇을 하건 무슨 꿈을 꾸건,
일단 시작하라.
담대함에는 재주와 힘과 마술이 담겨 있다.

괴테(Goethe)

아무나 할 수 없다고
여겨지는 그 일을 하라.

엘리너 루스벨트(Eleanor Roosevelt)

정상으로 가는 길은 거칠고 험하다.

세네카(Seneca)

우리 뒤에 있는 것,
우리 앞에 있는 것은
우리 안에 있는 것에 비하면
아주 사소한 것들이다.

랄프 왈도 에머슨(Ralph Waldo Emerson)

CHAPTER 30
# 삶이 당신을 아무리 힘들게 하여도

성취감과 인내가 있다면
어떤 상황에서도 고상함을 잃지 않는다.

괴테(Goethe)

우리가 이 세상에서 보내는 삶의 순간순간은 그 무엇과도 바꿀 수 없을 만큼 소중하다. 한번 지나면 영원히 다시 돌아올 수 없기 때문에 더더욱 그러하다. 궁극적으로 우리 존재의 방향과 가치를 결정하는 것은 흘러가는 순간을 어떻게 붙잡느냐, 하루를 어떻게 보내느냐에 달려 있다. 오늘은 어제의 부산물이다. 그렇기에 오늘을 어떻게 사느냐에 따라 내일이 달라진다.

우리는 첫걸음을 내딛는 용기를 가져야 한다. 그래야 우리 스스로 작은 추진력이나마 발휘할 수 있다. 또한 평범함과 천편일률성에서 과감히 탈피하여 우리의 잠재력이 숨어 있는 눈 덮인 정상을 향해 나아갈 수 있는 것이다. 빅토르 위고는 "과감히 밀어붙여라. 보다 나은 운명이 당신을 기다리고 있다"라고 했다.

하지만 당신의 통제를 벗어나는 무언가(가령 벗어나기 힘든 답답하고 숨막힐 듯한 환경이나 질병)가 당신을 억누르고 있다면 어떻게 하겠는가? 개인적인 위기 혹은 자신감과 믿음의 상실로 인해 고통을 겪는 시간에도 앞으로 나아간다는 것은 얼마나 어려운 일인가? 이때 우리가 할 수 있는 최선은 매일매일의 생활을 통해 어려움을 극복하고 고통을 통해 교훈을 얻으며 그리하여 상처를 치유하여 완전한 존재가 되는 것뿐이다.

하지만 이마저도 힘든 심각한 상황에 놓여 그 상처를 치유하는 것 이 불가능하다면 어떻게 하겠는가? 아무리 노력을 하고 결단을 내리고 인내심을 발휘해도 꿈쩍하지 않는 그런 것이라면, 그래서 그냥 견디어야 하는 것이라면 어떻게 하겠는가?

빅터 프랭클은 죽음의 나치 수용소에서의 악몽 같은 경험을 책으로 펴냈다. 그는 아우슈비츠에서 말로는 도저히 표현할 수 없는 공포를 겪었다. 배고픔, 추위, 수면 부족, 혹독한 노동, 육체적·정신적 고문, 죽음에 대한 끊임없는 위협 등이 그것이다. 그러나 이런 비참한 조건 아래에서조차, 자신의 삶에 의미를 부여할 수 있었다고 프랭클은 회상하고 있다.

'집단 수용소에 살고 있던 우리는 막사를 오가며 서로를 위로하였다. 자신의 마지막 빵을 나누어주던 남자가 기억난다. 나치는 그 남자의 목숨을 빼앗아 갈 수는 있었지만, 그가 사랑하는 사람들에게 빵을 나누어주는 자유를 막지는 못했다. 어떤 상황에서도 자신의 태도를 선택할 수 있는 자유, 자신만의 방식을 선택할 수 있는 자유를 그때 똑똑히 확인할 수 있었다.'

지그문트 프로이트는 '한 집단이 기아에 직면하게 되면 개개인의 차이점은 모두 사라지고 오직 생존에 대한 욕구에 의해서만 자극을 받는다'고 믿었다. 그러나 프랭클은 "프로이트가 만약 집단 수용소의 포로였다면, 자신의 말이 옳지 않았다는 것을 깨달았을 것이다"고 말하였다.

그는 또 "그들이 고통을 인내하는 방식은 놀라운 내면의 성공이다. 절대 빼앗을 수 없는 것이 있다면, 바로 이 정신적인 자유이다. 정신적인 자유는 극한의 상황에서도 삶에 대한 의미와 목적을 부여한다"라고 덧붙였다.

빅터 프랭클은 또 다음과 같이 말했다. "가끔은 지기도 하지만 결국은 승리한다. 우리는 절망적인 상황에서도, 절대 바꿀 수 없는 운명 앞에서도 삶의 의미를 발견할 수 있다. 중요한 것은 개인적인 비극을 승리로 변화시키는 것이며, 곤경을 성공으로 변화시키는 것이다. 더 이상 상황을 변화시킬 수 없을 때 우리는 스스로 변화하라는 도전을 받는다."

아주 먼 옛날, 어느 먼 곳에 이 세상에서 가장 아름다운 다이아몬드를 가진 한 왕이 살고 있었다. 그 다이아몬드는 마치 누군가 한줄기 햇빛을 훔쳐다가 그 안에 집어넣은 것처럼 빛났다.

어느 날 다이아몬드가 무언가에 긁혀 그만 흠집이 나고 말았다. 왕은 몹시 실망하여, 최고의 세공사들을 불러다가 다이아몬드에 긁힌 자국을 없애고 원래의 아름다움을 복원시켜 놓으라고 명령했다. 그리고 다이아몬드의 아름다움을 복원시키는 자에게 큰 상까지 약속하였다. 하지만 세공사들은 하나같이 손을 쓸 수가 없었다.

그렇게 시간이 흘렀다. 왕도 지쳐 거의 포기를 할 즈음, 어느 지혜로운 이가 왕을 찾아와 자신이 그 다이아몬드를 예전보다 더 아름답게 만들겠다고 약속을 했다. 왕은 의심하면서도 그에게 보석을 맡겼다.

그는 뛰어난 재주를 이용해 흠집 끝은 사랑스런 장미꽃 봉오리로 만들고 긁힌 자국은 줄기로 만들었다. 다이아몬드는 예전보다 훨씬 아름답게 변했다.

깊은 한겨울에 나는 마침내
내 안에 완강한 여름이 버티고 있음을 알았다.

알베르 카뮈(Albert Camus)

하나님은 내가 변화시킬 수 없는 것들을
인정할 마음의 평온을 주시며,
내가 변화시킬 수 있는 것들을 추진할 용기를 주시며,
차이점을 알 수 있는 지혜를 주신다.

라인홀드 니부어(Reinhold Niebuhr)

해낼 수 있는 힘을 달라고 하나님께 기도했더니,
연약함을 주어 겸손히 복종하는 것을 배우도록 하셨습니다.
더 훌륭한 일을 하도록 도와달라고 기도했더니,
병약함을 주어 보다 선한 일을 하게 하셨습니다.
행복해지도록 부유하게 해달라고 기도했더니,
빈곤함에 처해 지혜로워지도록 하셨습니다.
사람들의 청송을 받도록 권력을 달라고 기도했더니,
연약함을 주어 하나님의 필요를 느끼게 하셨습니다.
인생을 즐길 수 있는 모든 것을 달라고 했더니,
생명을 주어 있는 것을 즐길 수 있게 하셨습니다.
내가 요구한 것은 아무것도 얻지 못했지만,
내가 바라던 모든 것이 이루어졌습니다.
내 자신의 보잘것없음에도 불구하고
무언의 내 기도는 응답을 받았습니다.
모든 사람 중에 나는 가장 큰 축복을 받은 자입니다.

시민 전쟁에 참전한 어느 무명 용사의 기도

Part Four

인내 그리고 기쁨

# CHAPTER 31

# 당신이 되려는 사람

우리에게 일어나는 모든 일은 그 흔적을 남긴다.
모든 것은 알게 모르게 우리의 모습을 만든다.
괴테(Goethe)

　앞에서 언급했듯이, 다행히도 우리들 대부분은 그렇게 어렵고 힘든 상황 속 희생자가 아니다. 우리는 병이 든 것도 아니고 무능력자가 된 것도 아니다. 악에 가득 찬 인간의 희생자도 아니다. 우리는 꿈을 추구하고 창의적인 일을 찾아 자기만의 재능과 능력을 발휘할 수 있을 만큼 자유롭다. 우리가 일을 처리하는 방식과 다른 사람과 관계를 맺는 방식은 여전히 우리의 삶의 형태를 만들어 나간다. 이 진리는 위대한 종교와 철학자들에 의해 이미 밝혀진 바이다.

"당신의 현재는 지금까지 당신이 말하고 행해온 모든 것을 합쳐놓 은 것이다"라고 부처는 말했다. 또 아리스토텔레스는 "우리의 성격은 우리 행동의 결과이다"라고 말했으며, 빅토르 위고는 '우리의 행동이 우리를 만든다. 우리는 우리가 저지른 행동의 소산이다'라고 기록했다.

불행하게도 대다수는 자신의 진정한 모습보다는, 성공의 외적인 척도에 더 많은 신경을 쓴다. 버는 돈과 소유물로 사람의 가치를 측정하는 것이다. 톨스토이 소설의 주인공 이반 일리치처럼 물질적인 목적을 달성하기 위해 양심의 소리를 외면하고 있는 것이다. 하지만 예수께서 말씀하셨듯이, 영혼을 잃어버린다면 세상을 얻어봐야 무슨 소용이 있겠는가? 내면이 가난한데 외적인 부가 무슨 소용이 있겠는가?

현재 우리가 어디에서 무엇을 하든 우리 앞에 놓인 의무와 책임, 그날의 도전은 정신적인 성숙과 발전을 위해 너무도 중요하다. 우리는 자신의 진실을 잘 알고 있으며, 형식적으로 마지못해 일을 할 때, 받은 것보다 덜 베풀 때, 혹은 스스로에 대한 기대에 못 미칠 때 고통을 느낀다. 책임과 의무를 다 하지 못했을 때는 자존심이 상하고, 더불어 자신에 대한 믿음을 상실한다. "한 사람이 하는 일은 그의 삶이 되고, 그의 운명이 된다. 이것은 삶의 법칙이다"라고 톨스토이는 말했다.

최선을 다해 일하고, 받기보다는 주는 가운데 우리는 완전해지는 것을 느낀다. 이를 통해 이기심이나 거짓보다는 친절, 너그러움, 그리고 정직이 우리의 마음에 나타난다. 따라서 만약 스스로가 최선을 다하고 있다고 느껴지지 않거나 최고의 재능과 능력을 발휘하려고 애쓰고 있지 않다면, 더 깊은 애정을 불러 일으킬만한 일을 찾아 나서야 한다.

"무엇을 하고 있느냐가 아니라 얼마나 많은 사랑을 쏟아 붓고 있느냐의 문제이다"라고 테레사 수녀는 말했다.

철학자이자 작가인 칼릴 지브란은 "일은 눈에 보이는 사랑이다. 일을 할 수 없다면, 절 문간에 앉아 즐겁게 일하는 다른 사람들의 적선을 받는 편이 더 낫다. 만약 무관심하게 빵을 굽는다면, 배고픔을 반만 채워주는 씁쓸한 빵을 굽는 것과 다름없다. 만약 억지로 포도즙을 짠다면, 그것은 독을 증류해서 포도주로 만드는 것과 다름없다"라고 말했다.


이와 관련한 영국의 음악가 윌리엄 베넷의 이야기를 들어보자. 몇 백 년 전 한 유명한 조각가가 지붕에 쓰일 돌에 조각을 하고 있었다. 그는 온갖 정성을 기울여 끌로 파고 닦아내면서 돌을 아름다운 작품으로 만들고 있었다.

그의 모습을 유심히 바라보던 행인이 물었다.

"잘 보이지도 않을 그 돌에 왜 그렇게 많은 시간과 공을 들이는 거요? 그 돌은 지붕을 지탱하는 데 쓰이지 않소. 아무도 당신이 그런 정성을 들였다는 것을 모를 것이오."

그러자 조각가는 잠시 일손을 멈추고 대답했다.

"하지만 하나님이 아시고, 또 내가 알지 않습니까?"

무엇을 하느냐는 중요하지 않다.
중요한 것은, '당신이 하는 일로 인해
당신의 영혼이 해를 입느냐 입지 않느냐'이다.
만약 당신의 영혼이 해를 입는다면,
무언가 돌이킬 수 없는 일이 일어나는 것이다.
그것을 깨달았을 때는 이미 늦고 만다.

알베르트 슈바이처(Albert Schweitzer)

행하지 않음을 스스로 꾸짖어라.
이유를 모른다는 것은
자기 자신에게 만족도 불만족도 없다는 것을 깨달아라.

헨리 데이비드 소로(Henry David Thoreau)

지름길이 돌아가는 길보다 항상 좋은 것은 아니다.

포르투갈 속담

양심적인 사람은 두 다리를 뻗고 잔다.

프랑스 속담

다른 사람에게 내가 어떤 사람인지는
내 자신에게 내가 어떤 사람인가보다 결코 중요하지 않다.

미셸 드 몽테뉴(Michel de Montaigne)

# CHAPTER 32

# 인내, 그리고 나서
# 얻어지는 기쁨

*인내심이 없는 자들은 얼마나 불쌍한 사람들인가!*

윌리엄 셰익스피어(William Shakespeare)

이 세상에 사랑과 노력과 희생 없이 이루어지는 일이란 없다. 꿈이 클수록 자신에 대한 기대감은 높아지게 마련이고 하나님의 소명을 많이 받을수록 더 많은 극기와 능력이 필요해진다. "구상(具象)에서 완성까지의 길은 멀다"라고 몰리에르는 말했다. "위대한 일을 목표로 삼는 사람들은 그만큼 많은 고통을 감수해야 한다"고 플루타르크가 말했다.

우리는 모든 것이 즉석에서 일어나길 기대하는 시대에 살고 있다. 사실 모든 일의 결과를 즉시 얻어 '하룻밤 사이의 성공'을 거둘 수만 있다면 더할 나위가 없을 것이다. 어쩌면 우리는 땅의 리듬과 계절의 구분을 잊고 있는 듯하다. 땅에 씨를 뿌리자마자 풍성한 수확을 기대하고 있는 것이다. 영양분을 섭취하지 않거나, 희망의 물과 사랑의 햇빛을 받지 않은 씨앗이 어떻게 꽃을 피울 수 있을 것인가?

어느 현인의 말처럼 삶의 가장 큰 비밀은 '기다리는 법을 배우는 것'이다.


그러나 사람들은 대부분 갑자기 벼락부자가 된 사람들을 부러워하고 또 본보기로 삼으려고 한다. 우리가 사는 시대는 좀 더 빠르고 좀 더 쉽게 처리하는 방법을 발견하는 데에 관심이 집중되어 있다. 우리 대부분은 편의주의와 문명의 이기에 익숙해져 있다. 우리가 가진 재능을 표현하고 발전시키며 우리가 원하는 목표에 관심을 집중하기보다는, 쉽고 편한 방법만을 추구하고 있다. 큰 노력 없이 얻을 수만 있다면 결과는 그다지 중요하게 여기지 않는다.

하지만 자신의 재능과 능력을 극대화하고 이상을 실현하는 사람들을 보자. 그들은 편하고 쉬운 방법에 안주하지 않고 목표를 이루기 위해 노력을 아끼지 않는다. 그들은 쉬운 길을 포기하고, 꿈과 이상이라는 이름의 높은 봉우리를 바라본다. 그리고 봉

우리를 향해 나 있는 길을 찾은 후 꾸준한 여정을 시작한다.

"천재는 고통을 감수하는 무한한 능력을 가지고 있다." 이 말에는 가장 뛰어난 창의력을 발휘했던 위인들도 동의할 것이다.

"내가 사람들에게 봉사를 했다면, 그것은 끈기 있는 생각 때문이었다"라고 아이작 뉴턴은 말했다. 또 루이 파스퇴르는 "내가 목표를 달성한 비결은 오로지 끈기 있게 견디었기 때문이다"라고 말했으며, 알베르트 아인슈타인은 "나는 몇 날 며칠이고 생각에 생각을 거듭한다. 아흔 아홉 번째 결론은 거짓이다. 백 번째가 되어야 비로소 옳은 결론에 다다른다"라고 말했다.

예술에서도 탁월함은 힘겨운 노력과 인내와 고집을 통해 이루어진다. "하나님은 노동의 대가로 우리에게 모든 것을 파신다"라고 레오나르도 다빈치는 말했다. 셰익스피어는 "내가 가진 최고의 장점은 근면함이다"라고 말했다. 찰스 디킨슨은 "내 자신의 발명이나 상상력은 솔직히 말해 별 도움이 되지 않았다. 정말 큰 도움이 되었던 것은 평범하고, 초라하고, 끈기 있고, 일상적이고, 부지런하고, 꾸준한 관심이었다"라고 했다. 모차르트는 "일은 나의 가장 큰 즐거움이다"라고 했으며, 몽테스키외는 자신의 책에 다음과 같이 쓴 바 있다. '여러분이 이 책을 읽는 데는 단 몇 시간이면 족하겠지만, 이 책을 쓰는 동안 내 머리는 하

않게 세웠다.'

남보다 뛰어나기 위해 열심히 일하고 노력하여 끈기 있는 사람이 된다는 것은 중요한 일이다. 그리고 작은 성공을 위해 한 번에 하나씩 노력하는 끈기 역시 중요하다.


이솝우화에 나오는 한 가난한 소년의 이야기를 보자. 소년은 돈을 빌려 수백 개의 달걀을 산 후 배를 타고 카이로로 간다.

배를 타고 강을 건너가는 동안, 소년은 누워 공상에 잠긴다. '카이로 시장에 도착하면, 먼저 달걀을 팔아야지. 그리고 남은 돈으로 좋은 옷감을 사서 집으로 오는 거야. 그럼 여자들이 몰려들어 그 옷감을 사겠지. 옷감을 판 돈으로 빚을 갚고, 나머지 돈으로 암양 한 마리를 사야겠다. 양을 잘 기르면 새끼 양을 적어도 두 마리는 낳게 될 거야. 그럼 그 암양과 새끼양을 팔아 암소 한 마리를 사야지. 암소가 송아지를 낳은 다음, 그 두 마리를 모두 팔면 하인을 고용할 만큼 큰 돈이 생길 거야. 그럼 "이거 해라! 저기 헤리! 이리 와라! 저리 가라!" 하고 부려먹을 수 있겠지. 그 하인이 말을 안 들으면, 엉덩이를 걷어차야지. 그래, 이렇게….'

공상에 사로잡힌 소년은 하인의 엉덩이를 걷어차는 흉내를 내다가 실수로 그만 달걀이 든 바구니를 걷어차고 만다. 바구니

는 나일강으로 풍덩 빠진다. 달걀은 순식간에 강물 속으로 사라
지고, 소년의 꿈은 산산이 부서지고 만다.

인내심을 가져라.
그러면 뽕나무 잎이 비단같이 될 것이다.

스페인 속담

가장 높은 탑도 땅에서부터 시작된다.

중국 속담

성을 건축하려면,
돌멩이 하나부터 쌓아야 한다.

이탈리아 속담

쉬운 일만 좋아하는 사람은
어려움에 직면할 것이다.
어려운 일을 좋아하는 사람은
성공할 것이다.

중국 속담

살아가면서 장애물에 부닥치면,
그것은 신이 내려주신 선물이라고
나는 생각했다.

마더 테레사(Mother Teresa)

# CHAPTER 33

# 당신을 꿈으로 안내하는 다리

운명은 용감한 사람 편이다.
라틴 속담

꿈을 추구하고 재능을 계발하는 가운데 우리의 믿음을 뒤흔들고 인내력의 한계를 테스트하는 장애물을 만나게 된다. 정상을 향해 올라가는 길이 중간에 막혀 더 이상 앞으로 나아갈 수 없을 때, '지금까지의 노력이 허사가 되어버렸군' 하고 망연자실할 수도 있다. 하지만 계속 앞으로 나아가겠다는 용기가 있다면, 막혀 있지 않은 옆길을 통해 갈 수 있는 기회는 얼마든지 있다.

"인생은 단 한 번뿐이다. 목표를 붙잡고 늘어지는 순간 모든 장애물은 맥을 못 추기 시작한다"라고 나다니엘 호손은 말했다.

그렇지만 어떤 때는 길이 완전히 막혀 있거나, 절대 뛰어넘을 수 없는 장애물이 가로막고 있는 경우도 있다. 또 우리의 의지와 결단, 정신력을 시험하는 순간들도 있으며, 간혹 앞에 놓인 돌로 길을 스스로 내야 할 때에도, 뒤로 한 걸음 물러나 목표를 재점검해야 할 때도 있다('보다 높은 도약을 위해 한 걸음 뒤로 물러나야 할 때도 있다'라는 덴마크 속담도 있다). 일단 계속 가기로 마음먹었으면 목표를 향해 나아갈 수 있는 다른 길을 찾거나 만들어야 마땅할 것이다.

이솝은 사자와 모기에 관한 우화에서 지속적인 노력의 중요성을 보여주고 있다.

"저리 가, 이 코딱지만한 녀석아!" 자신의 주위를 모기가 윙윙거리며 끊임없이 맴돌자 화가 난 사자가 모기에게 소리질렀다.

자존심이 상한 모기는 사자에게 전쟁을 선포했다.

"다들 너를 왕이라고 부른다고 해서 내가 너를 겁낼 것 같냐?" 모기가 대들었다. "나는 너보다 더 힘이 센 왕소도 한 방에 꼼짝 못하게 할 수 있단 말이야!"

모기는 사자 등에 달려들어 바짝 약을 올리며 싸움을 걸었다. 화가 난 사자가 길길이 날뛰자 근처에 있던 동물들이 슬그머니 자리를 피했다. 작은 모기는 사자의 등과 얼굴과 코를 마구 찌르며 공격했다. 그 고통이란!

급기야 사자는 골칫덩이를 쫓기 위해 벽에 몸을 부딪혔다. 그러나 오히려 정글의 왕이 기진맥진하여 쓰러졌다. 의기양양한 모기는 승리감에 취해 윙윙 소리를 내며 날아갔다. 하지만 얼마 가지 않아 그만 거미줄에 걸리고 말았다. 거미는 "웬 떡이냐" 하며 모기를 한 입에 낚아챘다.

이 모기처럼 우리 역시 거대한 장애를 넘어 승리할 수도 있다. 몸집이 사자보다 작았던 모기가 사자 몸의 백 군데나 쏘아 쓰러뜨린 것처럼 어려운 문제를 조각조각 분해한 다음 다시 하나로 엮으면서 어려운 상황을 극복할 수 있다. 그렇지만 한 가지 위험을 피했을지라도 다른 동물의 먹이감이 될 가능성은 남아 있다. 따라서 어떤 상황에 있더라도 현재 닥친 문제에 집중해야 하며 방심하거나 승리감에 도취되어서는 안 된다.

문제점을 잘 알고 정복한다면 놀라운 결과를 얻을 수 있다. 만약 샌프란시스코의 금문교를 가본 사람이라면, 그 다리가 얼마나 뛰어난 작품인지 잘 알 것이다.

길이가 1마일이 넘는 두 개의 거대한 케이블이 746피트 높이의 두 개의 탑에 매달린 채 차도를 지탱하고 있다. 이 차도로 매

년 수백만 대의 자동차가 지나간다.

이 케이블은 직경이 3피트인데, 그 무게가 각각 2천 4백만 파운드나 나가기 때문에 한꺼번에 설치할 수가 없었다. 땅에서 이 케이블을 만든 후 공중으로 끌어올려 두 개의 탑 꼭대기에 매달 방법이 없었다.

그렇다면 어떻게 이 케이블을 그곳에 매달았을까? 케이블 하나는 실제로는 27,572개의 가는 철사로 만들어졌으며, 철사 하나의 두께는 연필과 비슷했다. 이 철사들을 옮겨온 다음 한데 묶어 61개의 봉으로 만들었다. 그런 다음 이 봉들을 압축한 후 한데 묶어 3피트의 줄로 만들었다. 마지막으로 가느다란 철사로 케이블을 감아 매끄럽게 끝마무리를 했다. 수천만 파운드의 무게를 지탱하는 이 거대한 케이블은 이렇게 가는 철사를 모아 만들어진 것이다.

이와 마찬가지로 작은 일 하나하나를 충실히 이행하고 목표를 하나씩 완수해 나간다면 그것들이 쌓여 많은 무게를 지탱할 수 있게 될 것이다. 금문교의 거대한 케이블을 이루고 있는 가는 철사들처럼, 잠재력을 실현하고 특별한 삶을 만들고자 노력할 때 당신의 사소한 승리들이 모여 당신을 지탱해줄 것이다. 그리고 그것들이 당신이 꿈까지 갈 수 있는 다리가 되어줄 것이다.

어려움이 근면을 만든다.

독일 속담


근면은 행운의 어머니다.

미겔 데 세르반테스(Miguel de Cervantes)


무슨 일이건 다 받아들여야 한다.
그리고 중요한 것은 최선을 다하는 것이다.

엘리너 루스벨트(Eleanor Roosevelt)


성공의 열쇠는 인내이다.
오랫동안 큰 소리로 문을 두드린다면,
분명 안에 있는 누군가가 잠을 깨고 나올 것이다.

헨리 위즈워스 롱펠로(Henry Wadsworth Longfellow)


인생은 어려움을 극복하고
성공을 향해 한 걸음씩 나아가고,
새로운 소망을 품고
그 소망을 보고 기뻐하는 것
이상의 즐거움을 주지 않는다.

사무엘 존슨(Samuel Johnson)

# CHAPTER 34

# 쓰러질 때마다 다시 일어나라

> 가장 위대한 승리는 쓰러지지 않는 것이 아니라,
> 쓰러질 때마다 다시 일어나는 것이다.
>
> 공자(孔子)

1968년부터 1972년까지 미국은 총 9명의 우주비행사를 달에 보냈다. 그들 중 6명이 달 표면에 착륙하여 '고요의 바다'와 '폭풍의 대양' 지역을 탐사했다. 보다 과학적인 실험을 위해 수백만 파운드의 월석(月石)과 먼지를 가지고 오기도 했다. 피나는 노력의 결과, 수백 개의 신제품과 기술이 개발되었다. 가장 가치 있는 수확은 함께 목표를 세우고 노력할 때, 인간이 얼마나 위대한 일을 해낼 수 있는가를 전 세계인에게 알렸다는 사실일 것이다.

하지만 지금까지 그 비행사들이 기억되는 이유는, 달 여행의 과학적인 업적보다는 우주비행사들과 지상에 근무했던 승무원들의 역경에 대처한 방법 때문이다.

1970년 4월 11일, 3명의 우주비행사는 발사대로 출발하였다. 그들은 엘리베이터를 타고 363피트 높이의 새턴5 로켓 꼭대기까지 올라갔다. 그리고 소형 우주선(사령선)에 올라탄 다음, 안전벨트를 매고 이륙 준비를 했다. 그들이 오른 비행선은 바로 아폴로 13호였다.

오후 1시 13분. 카운트다운이 시작되었고 로켓 엔진이 돌아갔다. 불꽃이 뿜어 나오면서 온 땅이 진동했다. 다음 순간, 앞쪽에 소형 달 착륙선을 실은 새턴5 로켓이 굉음을 내며 하늘로 발사되었다. 우주선은 4월 13일, 달 중력권에 도착할 예정이었다.

우주선의 안전은 비행사들만의 몫이 아니었다. 지상에 남은 전문가들과 비행사들의 완벽한 공조 없이는 불가능한 일이었다. 비행사들과 특수 비행 통제실의 전문가들은 고도의 훈련을 받은 사람들이다.

아폴로 13호가 발사된 지 3분이 채 못 되어 새턴5 로켓이 분리되었다. 우주비행사들은 두 번째 단계의 5개 엔진이 점화된 것으로 알았지만, 잠시 후 통제실에 중앙 엔진이 점화되지 않았음을 알리는 비상등이 켜졌다. 비행사들은 통제실의 명령을 기

다렸다. 몇 분이 지난 후, 네 개의 엔진만으로 달까지 항해하라
는 명령이 내려졌다.

그후 이틀은 거의 완벽했다. 역사상 가장 순조로운 비행 중의
하나였다. 통제실에 있던 한 전문가는 너무 심심해서 하품이 난
다고 농담할 정도였다.

지구에서 2십만 마일(지구에서 달까지의 거리 중 5분의 4에 해당)
을 날아간 셋째 날 오후, 우주선의 산소 탱크 중 하나가 폭발하
여 산소가 새기 시작했다. '승무원 경보등'이 켜지면서 우주선이
심하게 흔들렸다.

"통제실! 응답하라. 문제가 발생했다."

그들은 아주 심각한 문제에 봉착해 있었다. 우선 사령선에서
생명을 유지할 수 있는 시간은 겨우 15분뿐이었다. 우주선 앞쪽
에 붙어 있는 달 착륙선으로 빨리 옮겨타지 않으면 생명이 위태
로운 순간이었다. 달 착륙선은 생명유지장치와 동력공급장치가
설치되어 있었다. 하지만 두 명만 탑승하도록 설계되어 있기 때
문에 비행사 한 명은 옮겨 탈 공간이 없었다. 더군다나 달 착륙
선으로 옮겨 타더라도 비행이 가능한 시간은 하루 반나절뿐이었
다. 하지만 지구까지는 적어도 사나흘이 걸리는 거리였다.

게다가 외장 벽도 얇고 난방 장치도 없었기 때문에, 달 착륙선
은 지구 대기권으로 들어갈 수가 없었다. 결과적으로 사령선의

엔진을 멈추고 연료와 산소를 아낀 다음 지구로 다시 돌아가는 수밖에 없었다.

통제실은 대책을 마련하느라 분주했다. 우주비행사들이 지구로 다시 돌아올 수 있는 방법은, 달을 선회하다가 그 중력을 이용하여 지구를 향해 우주선을 '슬링쇼트(Y자 모양의 고무줄 새총처럼 우주선을 튕기는 하는 주행기술 _역자 주)'시키는 방법뿐이었다. 만에 하나 실수를 한다면(만약 우주선의 분사 제어 로켓이 제때에 발사되지 않으면) 비행선은 궤도를 4만 마일이나 벗어나, 영원히 지구로 돌아오지 못할 수도 있었다.

다행히 그들의 계산은 정확히 맞아 떨어졌다. 분사 제어 로켓이 정확하게 발사되었고, 비행사들은 지구로 향할 수 있었다.

하지만 문제가 모두 해결된 것은 아니었다. 연료가 떨어지면서 달 착륙선의 온도가 급격히 떨어졌다. 식량과 물도 부족했다. 한 비행사는 심하게 멀미를 했고 모두가 수면부족으로 기진맥진해 있었다. 경보 장치는 고장이 났고, 산소가 부족해 이산화탄소 수치가 위험 수위에 도달했다. 달 착륙선의 에어 필터가 막혀 있었던 것이다. 이러한 복합적인 문제들이 비행사들의 생명을 위협했다. 다행히 통제실에서는 이 문제를 대비하고 있었다. 마분지, 양말, 비닐 봉투, 테이프, 그 밖에 우주선에 있는 잡동사니들을 모아 임시 에어 필터를 만들 수 있는 방법을 비행사들에게 가르쳐주었다. 결과는 대성공이었다.

이제 가동을 중지한 이후 거의 얼어붙다시피 한 사령선을 재가동해야만 했다. 사령선을 가동해야만 지구 대기권으로 다시 들어갈 수 있기 때문이다. 비행사들은 통제실의 지시에 따라 무사히 수리를 마쳤다.

지구에 가까워지면서, 지난 나흘 동안 그들의 '생명선'이나 다름없었던 우주선 후미의 서비스 모듈과 앞쪽의 달 착륙선을 떼어내 버려야만 했다. 서비스 모듈을 분리시키자마자 모듈이 폭발하며 산산이 부숴졌다. 사령선도 심하게 진동했다. 마치 우주선 전체가 폭발할 것만 같았다.

전 세계가 아폴로 13호의 지구귀환을 지켜보았다. 우주선이 대기권으로 들어오면서, 4분 동안 통신이 두절되었다. 다음 순간, 파란 하늘에 두 개의 주황색 낙하산이 나타났다. 잠시 후 헬리콥터가 날아와 바다에 떠 있는 비행사들을 구조했다.


이 이야기의 교훈을 생각해보자. 먼저 인간은 역경에 처했을 때, 지극히 창의적이며 뛰어난 순발력을 발휘한다는 것이다. 당신도 마찬가지이다. 만약 이 사실이 의심스럽다면 당신이 얼마나 긴 생존자 대열에 끼여 있는지 떠올려 보라. 수천 년 전부터 당신의 조상은 삶의 혹독함과 맞서며 지금까지 생명이 이어지도록 하였다. 당신 역시 이 일에 중요한 역할을 담당하고 있다.

둘째, 당신은 앞으로도 장애물을 만나게 될 것이다. 모든 일에는 결함이 있게 마련이다. 이는 세상의 이치이다. 하지만 넘어진다고 해서 완전히 망가지는 것은 아니다. 이는 접근 방법을 달리해야 한다는 것을 의미할 뿐이다. 첫 번째 노력에서 얻은 지식과 경험을 바탕으로 두 번째에는 무언가 새로운 것을 시도한다는 것을 뜻이다. 우리 모두는 실패를 통해 성공을 거둔다.

마지막으로 역경과 고난을 겪은 다음일지라도, 당신은 여전히 자기 자신을 믿어야 하며 천부적인 재능과 능력을 발휘해야 한다. 아폴로 13호 이후로 14호, 15호, 16호, 그리고 17호가 달에 착륙했다. 우주 프로그램은 중단되지 않았다. 사람들은 위축되지 않았으며, "우린 할 수 없어"라고 말하지 않았다. 문제점을 개선하며 계속하여 프로젝트를 이어갔다. 지금까지도 우리는 우주선과 우주 프로그램을 통해 계속하여 우주를 탐험하고 있다.

나사(NASA)는 아폴로 13호를 '성공적인 실패'라고 불렀다. 사람들이 하나로 뭉쳐 조종사들을 안전하게 구조했기 때문이다. 거기엔 훌륭한 용기와 재치, 결단력을 보여준 많은 영웅들이 있었다. 당신도 이들처럼 '딱 들어맞는 소질'을 개발하여 실패를 성공으로 만들 수 있다.

용감해지려면 용감한 행동을 해라.

아리스토텔레스(Aristotle)

실패는 성공의 어머니이다.

로마 속담

이 세상에서 얻을 수 있는 성공의 대부분은
망설이고 머뭇거리고
주저하고 동요하는 가운데 놓치고 만다.

윌리엄 베넷(William Bennett)

어려움이 클수록,
이를 극복한 영광은 더 크다.
노련한 조종사는
폭풍우 속에서 명성을 얻는다.

에피쿠로스(Epicurus)

# CHAPTER 35

# 당신의 놀라운 잠재력을
# 개발하는 법

하느님의 연필, 그것이 바로 나이다.
하느님은 작은 몽당연필로 좋아하는 것을 그리신다.
하느님은 우리가 아무리 불완전한 도구일지라도,
그것으로 너무나 아름다운 그림을 그리신다.

테레사 수녀(Mother Teresa)

　제1장에 있었던 달란트의 비유를 보면 잘한 일에 대한 보상으로 더 많은 일이 주어짐을 알 수 있다. "너희는 작은 것을 가지고 신뢰할 만 한 일을 했으니, 이제 나는 너희들에게 더 많은 것을 맡길 것이 다"라고 부자는 충실한 하인들에게 말한다.

　많은 것을 가지고 있는 사람들, 즉 자신의 재능을 발견하고 발휘하는 사람들은 자신이 현재보다 더 많은 일을 할 수 있다는 사실을 알고 있다. 그들은 행동하면서 자신의 내부에 있는 용기를 발견하며, 능력이 점점 더해지고 꿈과 이상을 실현하기까지 되는 것이다. 그들의 삶은 보람되고 만족스러워지면서 비로소 완전해진다. 하지만 재능을 감추는 사람들, 게으름과 두려움과 혹은 잘못된 가치관에 굴복하는 사람들은 이미 일궈놓은 아주 사소한 만족감마저도 놓치고 만다. 그들의 삶은 정체되어 있으며, 어둡고, 또 지루하다. 그러면서 점차 목적과 만족감을 상실해 간다.

우리의 탁월한 잠재력은 일을 하면서 재능을 개발하고, 또 꿈을 추구하는 가운데 개발된다. "인간은 일하지 않을 수 없으며, 일은 행복의 진정한 원천이다"라고 톨스토이는 말했다. 실제로 우리의 삶이 계속해서 목적과 의미, 기쁨과 만족을 얻으려면 재능과 능력을 활용하여 일을 해야만 한다.


이 세상에는 불필요한 고통과 괴로움과 무자비함과 불평등이 너무도 많다. 하지만 이 문제는 지금 우리가 해결할 수 있다. 우리는 덜 가진 자들을 돕고, 고통을 덜어주며, 소외된 자들을 위로하고, 이 세상을 보다 아름다운 곳으로 만들기 위해 노력하면서 자신의 역할을 다하는 사람들을 보아왔다. 우리는 그들이 맺은 결실의 혜택을 누려왔다. 오랜 인고의 세월을 거쳐 탄생한 아름다운 음악과 예술, 평생을 바쳐 발견하고 표현된 위대한 문학과 사상, 우리를 편안하게 해주고 삶에 기쁨을 가져다주는 많은 제품과 서비스, 이 모두는 그것들을 만들어낸 사람들의 힘겨운 노력과 용기 덕분이다. 우리는 인간의 가장 숭고한 것을 목격했고 또한 체험했다.

세상을 존중하는 마음을 잃어버릴 때 우리의 삶은 가장 큰 위험에 빠지고 만다. 젊은 시절에는 누구나 이상주의자이다. 선한 것을 동경하고 세상의 부정을 경멸한다. 그러나 나이가 들면서 동정과 연민의 감정을 잃어버린다. 그것이 올바른 길인 줄로 착각하여 자신의 소중한 가치를 옆으로 밀어놓는다. 그리고 세상은 험겨운 곳이며 우리 자신을 보호하는 것이 최선이라고 결론 짓는다. 다른 사람들이야 어떻게되든 내 할 일만 다하면 된다는 생각에 사로잡히고 만다.

이 길은 산 정상이 똑똑히 보이는데도 천편일률적인 세상으로, 즉 헤어나올 수 없는 비참한 늪으로 우리를 인도하는 위험한 길이다. 인간은 원래 동물이며 그래서 강한 자는 살아남고 약한 자는 고통받고 도태되는 것이 당연하다고 합리화할 수도 있다. 언뜻 생각해보면 맞는 말이다. 자연은 도덕을 초월하는 것이며 우리는 그 자연의 일부가 아닌가? 하지만 인간이 동물들과 구별 되는 점은 삶의 가치를 인식할 줄 알고 살아있는 것들을 연민하며 사랑, 친절, 그리고 남을 생각하는 마음을 가지고 있다는 것이다.

우리 모두는 현재 서있는 곳에서 보다 나은 세상의 그림을 그릴 수 있다. 어떤 부모와 어떤 친구를 가졌느냐, 어떤 일을 하느냐, 우리만의 특별한 재능을 개발하고 원대한 꿈을 추구했느냐에 관계없이 우리 모두에게는 나름대로 할 수 있는 무언가가 있다. 우리가 하는 일의 범위는 중요하지 않다. 우리는 오직 주어진 의무와 책임을 다하고, 지금 이곳에서, 현재의 능력을 가지고 최선을 다할 뿐이다.

소로는 이렇게 강조했다. "사람은 모든 일을 다 해야 하는 것은 아니지만 무언가 할 일은 있다."


마태복음의 달란트 비유에 이어, 예수는 작고 사소해 보이는 친절과 사랑의 행동을 강조한다. 배고픈 자에게 먹을 것을 주거나, 목마른 자에게 마실 것을 주는 것이 바로 예수 자신에게 하는 것과 같다고 예수는 말했다. '내가 진실로 너희에게 이르노니 지극히 작은 자 하나에게 하지 아니한 것이 곧 내게 하지 아니한 것이니라.'

우리가 병들었거나 외로운 사람을 찾아갈 때, 혹은 불쌍한 사람에게 옷이나 잠자리를 제공했을 때에도 마찬가지이다. 이 모든 것은 아주 사소한 행동이지만, 삶을 걸작품으로 만들어내는 원동력이 된다.

만약 하나님께서 당신에게 특별한 재능과 꿈을 불어넣어 주셨다면 모든 수단을 동원하여 믿음과 희망과 사랑으로 그 길을 쫓아야 한다. 간혹 어려움에 직면하더라도 말이다. 하지만 테레사 수녀가 말한 바와 같이, 하느님은 우리에게 거창한 일을 하라고 명령하지 않으신다. '그는 위대한 사랑으로 아주 사소한 일을 하라고 분부하신다.'

우리의 재능을 발휘하고 신과 인간에게 헌신하는 가운데, 우리는 더 보람된 삶에 참여할 기회를 갖는다. 많은 종교와 철학자들도 이와 뜻을 같이한다. 달란트의 비유에서, 부자는 자신의 재능을 발휘하여 많은 이익을 남긴 하인들에게, "와서 내 행복을 함께 나누자"고 말하고 있다.

어쩌면 하나님은 우리에게 우리가 살고 있는 이 세상을 창조하는 일을 도와 그의 행복과 기쁨과 만족을 함께 나눌 기회를 주셨는지도 모른다.

지난밤에 나는 인생의 의미를
가장 짧게 표현하고 있는 한 가지 꿈을 꾸었다.
세상은 움직이고, 완전하게 되어간다.
이 움직임에 기여하는 것과
그것에 복종하고 함께 협력하는 것이
사람이 할 일이라는 것을.
레프 톨스토이(Lev Tolstoy)

인간의 발전은 결코 필연의 바퀴로 구르지 않는다.
발전은 하나님과 동역자가 되려는 의지를 가지고
끊임없이 노력할 때 이루어진다.
그리고 이런 노력이 없이는,
시간은 그저 사회적인 정체에 부합할 뿐이다.
우리는 창의적으로 시간을 사용해야 하며,
시간은 항상 올바른 것을
정의롭게 집행한다는 것을 알고 있어야 한다.
마틴 루터 킹(Martin Luther King, Jr.)

삶의 먼지와 흠집을 말끔히 치운 다음,
사람은 이런 질문을 하게 된다.
이것이 선일까, 악일까? 내가 잘한 걸까, 못한 걸까?
존 스타인벡(John Steinbeck)

만약 내가 쪼개지는 가슴을 구했다면,
헛된 삶을 산 것은 아니다.
만약 내가 아픈 삶을 위로했다면,
혹은 고통을 가라앉혔거나 쓰러져 가는
작은 새 한 마리를 도와 둥지에 넣어주었다면,
헛된 삶을 산 것은 아니다.
에밀리 디킨슨(Emily Dickinson)

# CHAPTER 36

# 성공, 돈이나 소유 이상의 것

우리는 성공을,
수고와 인간 관계의 질이 아니라,
월급 명세서 혹은 자동차의 크기로 판단한다.
마틴 루터 킹(Martin Luther King, Jr.)

성공의 의미는 무엇일까? 우리 대부분에게 성공의 의미는 물질적이고 재정적인 부를 의미한다. 돈을 얼마나 많이 벌었는가, 어떤 종류의 차를 타는가, 얼마나 큰 집에서 사는가, 이 모든 것은 삶을 살아가는 방식을 따지는 중요한 척도로 간주되고 있다. 우리는 사실 어떤 사람인지, 무엇을 하는 사람인지를 놓고 서로를 평가하고 궁극적으로 우리 자신을 평가한다.

하지만 성공이란 것이 정말 우리가 무엇을 가지고 있는지, 얼마나 많은 돈을 버는지의 문제에만 국한된 것인가? 번쩍거리는 가구로 장식된 집이 우리의 삶을 가치 있게 만드는가? 비싼 자동차가 행복과 만족을 주는가?

돈과 소유물은 우리에게 편리를 주지만, 우리를 행복하게 또 평화롭게 만드는 데 반드시 필요한 조건은 아니다. 돈과 물질적인 소유물에 둘러싸여 있어도 우리의 정신과 영혼은 여전히 배고픔에 시달릴 수 있으며, 금과 은이라는 재물에 가려 우리의 잠재력은 개발되지 못한 채 잠만 자고 있을 수도 있다. 더 중요한 사실은 성공한 사람들이 반드시 돈이 많은 사람들은 아니었다는 것이다.

마하트마 간디가 죽으면서 남긴 것은 오직 샌들 한 켤레, 옷 한 벌, 지팡이 하나, 방적기 하나, 안경, 그리고 기도서 한 권뿐이었다. 테레사 수녀 역시 거의 아무것도 가진 것이 없었다. 소크라테스는 먹을 음식보다 좋은 대화를 더 소중하게 여겼다. 공자는 몇몇 제자에게 의지해 살았다. 렘브란트는 베토벤, 바흐, 반고흐와 마찬가지로 검소한 삶을 살았으며, 예수는 로마군인들이 찢어놓은 옷 한 벌만을 남기고 죽어갔다.

이러한 위인들 중에 상식적인 면에서 부자였던 사람은 아무도 없었다. 많은 돈이나 부동산을 소유했던 사람도 없었다. 그렇지만 이들은 하나같이 위대한 삶을 살았으며 자신의 분야에서 성공한 사람들이다. 어쩌면 성공은 돈이나 소유하고 있는 것 이상의 것을 의미하는지도 모른다.

내가 바라는 것이 있다면,
내가 있음으로 해서
이 세상이 더 좋아졌음을 보는 일이다.
에이브러햄 링컨(Abraham Lincoln)


가장 중요한 것은
두뇌가 아니라 그 두뇌를 이끄는 것,
즉 성격·마음·너그러움·진보적인 생각이다.
표도르 도스토옙스키(Fyodor Dostoyevsky)


저 작은 초가 얼마나 멀리 빛을 발하는가!
마치 사악한 세상에서
선한 행동을 비추고 있는 듯하다.
윌리엄 셰익스피어(William Shakespeare)


성공이란, 종종 그리고 많이 웃는 것,
지적인 사람들의 존경과 어린이들의 사랑을 받는 것,
비평가들의 인정을 받고 나쁜 친구의 배신을 참는 것,
아름다움을 소중히 여기는 것,
다른 사람의 장점을 발견하는 것,
이 세상을 보다 나은 곳으로 만드는 것.
랄프 왈도 에머슨(Ralph Waldo Emerson)

# CHAPTER 37

# 소크라테스 가라사대…

생각하지 않는 삶은
살 만한 가치가 없는 삶이다.

소크라테스(Socrates)

성공의 의미와 가장 가치 있는 삶이 무엇인가를 말한다는 것은 어렵기도 하거니와 지극히 개인적인 문제이다. 성공을 바라보는 시각은 다양하다. 성공은 성취감, 건강, 원만한 가족 및 사회 관계, 그리고 우리만의 재능과 능력의 실현을 의미할 수도 있다. 또 성실함과 믿음이 될 수도 있으며, 다양하고 화려하게 삶을 즐기는 능력이 될 수도 있다.

성공을 정의하려면 딱 맞아떨어지는 정확한 공식이 적용되는 과학의 세계에서 벗어나, 보다 주관적이고 덜 단정적인 철학의 세계로 들어가야 한다. "모든 학문 중에 가장 고상한 학문은 인간이 무엇이고 삶을 어떻게 살아야하는지를 연구하는 학문이다"라고 플라톤은 말했다.

그래서 신중하고 열린 마음으로 진리를 모색하고 있는 모든 개개인은 사실 철학자나 다름없다. 우리가 찾는 대답은 보일 듯 말 듯 손에 잡히지 않을 때가 종종 있지만 노력에 대한 대가는 항상 주어진다. 더 많은 이해와 겸손 그리고 지혜를 갖추게 되기 때문이다.

소크라테스는 아테네 법정에서 재판을 받는 도중 자신이 다른 사람보다 더 현명한 이유는, 오직 삶에 대한 무지를 자신이 더 깊이 인식하고 있기 때문이라고 말했다. 삶과 그 안에서의 우리의 위치는 실제로 무척 복잡하다. 어떻게 하면 최선의 삶을 살 수 있는지를 결정하는 문제는 마치 변화무쌍한, 그래서 추측만이 가능한 퍼즐을 맞추는 일과 같다. 우리의 제한된 이성과 인식 능력만으로는 그 퍼즐을 결코 풀 수가 없다. 다른 사람들이 옳다고 하는 것을 따르는 것이, 아니면 자신의 기준이나 가치와 다른 것을 따르는 것이 훨씬 더 쉬워 보이기도 한다.

'다른 사람이 옳다고 여기는 것', 이 말은 때때로 우리 삶의 가치가 돈으로 측정된다는 것을 의미하기도 한다. 우리의 발전 정도는 얼마나 많은 월급을 받느냐로 평가되고, 우리가 투자한 노력과 시간만으로 우리의 가치가 결정된다. 하지만 돈과 소유물은 사실 행복이나 만족감과는 아무 상관이 없다는 것에 많은 사람들이 동의할 것이다.

"사람들은 잘못된 기준으로 모든 것을 판단한다. 즉, 권력과 성공과 부를 추구하는 과정에서 이미 이 세 가지를 가진 사람들을 존경하지만 진정한 가치는 과소평가 한다는 느낌을 저버릴 수가 없다"라고 지그문트 프로이트는 말했다.

어쩌면 부를 추구하는 것이 거의 전부인 사람들은, 언젠가는 자신이 잘못된 별을 쫓아 항해를 했으며 남은 것은 결국 공허함밖에 없다는 사실을 깨닫고 환상에서 깨어나게 될 것이다. 어쩌면 그들은 자기 안에 있는 가장 숭고하고 귀중한 부분을 영원히 묻어둔 채 죽을지도 모른다.

그러므로 우리 모두는 현재 믿고 있는 가치를 면밀히 따져보고 무엇이 진정으로 중요한지, 무엇이 궁극적으로 우리에게 만족과 행복을 주는지를 결정해야 한다. 생각하지 않는 삶은 살만한 가치가 없다는 소크라테스의 격언은 극단적이긴 하지만, 적어도 잘못 흘러갈 수도 있는 우리의 삶을 돌아보도록 소중한 가르침을 준다.

모든 사람에겐 다른 사람에게 없는
자기만의 소중한 무언가가 있다.
그러므로 모든 사람을 존중해야 한다.
하시디즘(Hasidism)

훌륭한 천재는
남이 많이 간 길을 무시하고
지금까지 아무도 가지 않았던 길을 택한다.
남과 구별되고 싶어하며, 결국 그렇게 된다.
에이브러햄 링컨(Abraham Lincoln)

씩씩하게, 끊임없이,
내면의 자유를 위해 싸워야 한다.
아브라함 조수아 헤셸(Abraham Joshua Heschel)

습관에 한번 빠지면
우리 힘으로는 도저히 그 습관에서 벗어나
우리 자신에게 돌아올 수 없으며,
습관의 규칙과 이치를 떠져볼 수 없게 된다.
미셸 드 몽테뉴(Michel de Montaigne)

삶에서나 학문에서나
대중의 의견에 좌우되지 않는 것이,
합리적이고 훌륭한 결과에 도달할 수 있는
첫 번째 조건이다.
헤겔(Hegel)

# CHAPTER 38

# 만족한 삶을 사는 법

친절의 씨를 뿌리는 사람은 사철 내내 수확을 거둔다.

(작자 미상)

철학자와 작가들은 세월을 거듭하며 '훌륭한 삶'이 무엇인지를 정의하기 위해 노력해왔다. 이것은 우리의 짧은 삶을 최선의 것으로 만들려는 노력일 것이다.

소크라테스에게는 자신을 아는 것이 가장 유익한 일이었다. 아리스토텔레스에게는 이성적인 존재로서 잠재력을 실현하는 일이었으며, 에픽테토스나 세네카 같은 스토아 철학자들에게 훌륭한 삶이란 자제심, 극기, 인격의 발전이 있는 삶이었다. 하지만 오늘날 대부분은 훌륭한 삶을 쉽고 안락한 삶, 부유하고 유복한 삶으로 정의하고 있다. 하지만 앞서 언급한 철학자들은 이러한 가치들을 혹독하게 비판하고 있다.

안락함과 풍요로움에 대한 우리의 요구를 지지하고 있는 사상은 고대 그리스의 쾌락주의 철학이다. 이 철학은 쾌락을 인생의 최고선(最高善)으로 간주한다.

쾌락주의에 의하면 인간은 원래 쾌락을 추구하는 동물이므로, 모든 쾌락의 기회를 놓치지 않고 최대한 즐기는 것이 원칙이다. '먹고, 마시고, 즐겨라. 내일 우리가 죽을 수도 있기 때문이다'가 바로 쾌락주의 철학자들의 도덕적 기준이다. 그리고 이것은 오늘날까지 이어지고 있다(비록 미래에 더 많은 쾌락을 즐기기 위해 당장의 쾌락을 포기할 때도 있긴 하지만). 재미있게 지내고, 젊은 시절 향락에 빠지고, 가능한 모든 것을 붙잡는 것. 이것은 충분히 상식적인 목표들이다.

많은 사람들에게 성공은 무엇을 얻느냐, 우리의 삶을 얼마나 즐겁고 안락하게 만드느냐에 의해 결정된다. 쾌락을 추구하는 이러한 성향은 얼마든지 이해될 수 있다. 쾌락을 추구하고 고통을 피하려는 것은 우리의 본성일 뿐만 아니라, 오늘날 많은 사람들이 실제로 막연한 감정과 공허감에 시달려 고통을 잊기 위해 쾌락을 찾는 경향이 있기 때문이다.

과학은 이 우주에서 인간이 얼마나 보잘것없는 존재인지를 깨닫게 해준다. 우리가 살고 있는 이 작은 지구는 결국 소멸되고 사라질 수밖에 없는 우주의 수많은 별 중 하나에 불과하다. 우리가 속한 태양계도, 은하계도 마찬가지의 운명이다. 인간 종(種)의 역사는 영원의 한 순간에 불과하다. 그래서 개인적으로나 집단적으로나 우리가 하는 일이 많은 변화를 만들어내지 못하는 것처럼 여겨지는 것이다.

이러한 무기력증은 어리석은 논쟁이나 잘못된 판단으로 인해(가령 핵무기의 위협) 인류가 멸망할 수도 있다는 인식 때문에 더욱 악화되었다. 또한 바이러스에 의해 전 인류가 희생될 수도 있다. 인간의 생명을 가차없이 앗아가 버리는 전염성 강한 단백질에 의해 지구상에서 인류가 흔적 없이 사라져 버릴 수도 있는 것이다.

이러한 비관적인 예측과 불안감이 팽배한 상황에서, 가급적 많은 것을 누리며 쾌락을 추구하려는 것이 어쩌면 당연한 것처럼 느껴질지도 모른다. 하지만 분명한 것은 쾌락과 권력으로 가득 찬 삶이 잘 사는 삶은 아니라는 것이다.

만족한 삶을 위해서는
일을 즐길 수 있을 정도의 충분한 건강,
필요를 충족시킬 수 있을 정도의 부(富),
어려움과 맞서 그것을 극복할 수 있을 정도의 힘,
죄를 고백하고 버릴 수 있을 정도의 은혜,
몇 가지 행복을 이룰 때까지 노력할 수 있을 정도의 끈기,
다른 사람에게 도움이 되는 사람이
될 수 있을 정도의 사랑,
하나님의 말씀을
현실로 만들 수 있을 정도의 믿음,
미래에 대한 모든 걱정 근심을 없앨 수 있을 정도의
희망이 충족되어야 한다.

괴테(Goethe)


인생의 목표는 누구에게나 주어진 행운이다.
행운을 잡고 못 잡고는 자신의 손에 달려 있다.

재클린 케네디 오나시스(Jacqueline Kennedy Onassis)


꿈은 영원한 기쁨이자,
부동산만큼이나 확실한 재산이며,
결코 다 써버릴 수 없는 재산이고
해가 갈수록 활력을 주는 행운이다.

로버트 루이스 스티븐슨(Robert Louis Stevenson)

# CHAPTER 39

# 아무리 많아도
# 만족하지 못한다면

선한 일을 하고 난 다음 어디선가
끊임없이 우리를 필요로 한다는 것이 느껴질 때,
우리가 느끼는 내면의 즐거움이란….

알베르트 슈바이처(Albert Schweitzer)

어떤 사람들은 '잘 사는 삶'의 가장 중요한 요소를 권력이라고 생각한다. 기원전 4세기경 플라톤이 예견한 이러한 관점은 19세기의 가장 열정적이며 유창한 연설가이자 철학자인 프리드리히 니체의 관점과 맞아떨어진다. 니체는 권력에 대한 의지가 사람들의 행동을 결정하는 가장 중요한 동기가 된다는 것을 밝혀냈다.

권력을 갖는다는 것은 성공하고 살아남는다는 의미이며, 권력이 약해진다는 것은 곧 고통받고 괴로움을 당한다는 의미이다.

니체는 "도덕은 약한 대중들이 강한 사람들로부터 자신들을 보호하기 위해 만든 임의의 규칙이다"라고 했다. 그의 논리에 의하면, 종교란 신을 믿지 않으면 영원한 형벌을 받을 것이라고 세뇌하는 극단적인 도덕이다. 니체는 종교, 특히 유대교와 기독교를 경멸했다. 왜냐하면 이들 종교가 '인류는 스스로 진보한다'는 자신의 주장과 달리 사람들에게 동정심을 가르치고 약한 자를 보호하기 때문이다.

니체의 관점은 독특하고 불온하지만, 사람들이 원래 자신의 생존과 안녕에만 관심이 있는 이기적인 동물이라는 그의 주장은 일리가 있다. 권력을 가진 사람이 더 많은 행복과 성공을 갖게 된다는 우리의 믿음처럼 말이다. 하지만 권력을 가지면 정말 성공했다고 느낄 수 있을까? 아니면 쾌락을 얻었을 때처럼 우리의 삶에 아쉬운 부분을 남기는가?

전 세계 많은 나라들과 비교해 보면, 미국이나 서방 민주주의 국가에 살고 있는 대다수의 사람들은 이미 쾌락적인 삶을 살고 있으며 권력도 가지고 있다. 물론 선진국에 빈곤과 가난이 모두 사라진 것은 아니다. 하지만 대부분은 좋은 음식과 따뜻한 잠자리, 그리고 입을 옷이 넉넉하다. 음악, 향락, 그 밖의 다른 즐거움을 만끽할 기회도 많다. 중세시대 가장 부유했던 왕과 비교한다

해도(백 년 전과 비교한다 해도) 지금의 우리는 엄청난 사치와 기회를 누리고 있다. 텔레비전, 라디오, 컴퓨터, 그리고 전화로 인해 우리가 누리는 혜택들…, 돈을 들고 슈퍼마켓이나 백화점에 가면 수천 가지의 물건들이 늘어서 있다. 버스, 지하철, 자동차는 말보다 훨씬 빨리 우리를 원하는 곳까지 데려 다 준다. 심지어 하늘을 날 수도 있다. 또한 의학과 위생 환경의 개선은 실질적으로 우리의 수명과 유아 생존률을 두 배로 끌어 올렸다.

이렇게 권력과 부를 누리고 있음에도 우리는 여전히 더 많은 것을 원한다. 우리 대부분은 성공했다고 느끼지 않으며, 공허함과 소외감이 주기적으로 우리를 찾아와 마음 한 구석을 강하게 움켜쥐곤 한다.

불만족이라는 물줄기는 어디에서부터 시작되었을까? 의미 있는 삶, 가치 있는 삶을 살려면 어떻게 해야 할까? 그 대답은 이미 각 세대의 위대한 작가, 사상가, 정신적 지도자들이 들려주었다. 끊임없이 반복되는 일상적인 요구에 그 대답이 묻혀 우리 귀에 들리지 않았을 뿐.

치열한 경쟁이 각 개인을 지배하고, 힘겹게 노력하지 않으면 시대의 수레바퀴에서 밀려나 버리는 오늘의 세상에서, 우리는 정말 중요한 것을 잊어버린 채 살고 있다. 진정한 성공은 물질이 아니라 자신이 얼마나 성장했는지로 평가되어야 한다는 사실을 말이다.

진정한 성공은 바로 성숙, 발전, 우정, 믿음, 그리고 사랑 자체이기도 하다. 그것은 우리가 가지고 있는 소유물에서 오는 것이 아니라, 가치 있는 목적을 추구하고 자기 자신이 이 세상에서 없어서는 안 될 구성원으로 여겨질 때 오는 것이다.

우리가 만난 사람들은
우리와 만났기 때문에 달라져야 하며
보다 나은 사람이 되어야 한다.
우리는 하느님의 사랑을 전파해야 한다.

테레사 수녀(Mother Teresa)

아주 작은 것을
희생할 수 있는 기회를
절대 놓치지 말라.
아주 사소한 것이라도
소홀히 하지 말고 진심으로 하라.

리지외의 성 테레즈(St. Therese of Lisieux)

문명의 미래는,
현대인의 사고를 지배하는 무의미함과
희망 없음을 어떻게 극복하느냐에 달려 있다.

알베르트 슈바이처(Albert Schweitzer)

절망을 어떻게 극복하는지 알고 싶은가?
다른 사람을 도우라.
절망이 말끔히 사라진다.

엘리 위젤(Elie Wiesel)

다른 사람의 고통을 덜어주면
내 자신의 고통을 잊을 수 있다.

에이브러햄 링컨(Abraham Lincoln)

# CHAPTER 40
## 여기 참으로 열심히 일했던
## 한 청소부가 살았노라

어둡다고 불평하는 것보다
작은 촛불을 하나라도 켜는 것이 더 낫다.

공자(孔子)

아프리카의 뜨거운 정글에서 원주민들을 치료하며 50년을 보냈던 노벨 평화상 수상자 알베르트 슈바이처는 "여러분의 목표가 무엇인지 나는 모르지만, 내가 아는 한 가지가 있습니다. 여러분들 가운데 정말 행복한 사람은 봉사할 대상을 찾고 봉사하는 방법을 아는 사람입니다"라고 말했다.

레프 톨스토이는 "삶은 봉사의 터전이다. 봉사하는 가운데 누구나 참기 어려운 고통을 받게 되지만, 그보다는 얻는 기쁨이 훨씬 더 많다. 그 기쁨은 남을 위해 봉사하고, 봉사를 자신의 행복보다 앞선 목표로 삼을 때 주어지는 것이다"고 했다.

마틴 루터 킹은 이렇게 말했다. "모든 사람은 창의적인 이타주의의 빛 가운데를 걸어갈 것인지, 이기주의의 파괴적인 어둠 속을 걸어갈 것인지 선택해야 한다. 이것이 바로 분별력이다. 삶의 가장 시급한 문제는, 다른 사람을 위해서 지금 내가 무엇을 하고 있는가이다."

그리고 알베르트 아인슈타인은 신문의 한 기사에서 성공을 이렇게 정의했다. '오직 다른 사람을 위해 산 삶만이 성공한 삶이다.'

베푸는 것의 소중함, 성공과 만족을 얻을 수 있는 길 역시 여러 종교들의 핵심을 이루고 있다.

'베푸는 사람은 모든 것을 갖게 된다. 모든 것을 혼자 끌어안고 있는 사람은 아무것도 가지지 못한다.' 힌두교의 속담은 이렇게 말했다.

불경에는 이런 말이 있다. "선을 행하는 시혜로운 사람, 은혜를 베푸는 도덕적인 사람, 이들은 이 생(生)과 저 생 모두에서 행복할 것이다."

모하메드는 코란에서, "사람의 진정한 부는 이 세상에서 그가 베푸는 선이다"라고 설교한다.

유대교의 토라에는, '여호와는 각 사람의 방법대로, 각 사람이 하는 행동의 결과에 따라서 나누어주신다'고 적혀 있다.

기독교에서는 '받는 것보다 주는 것이 더 큰 축복이다. 너희 가운데 가장 훌륭한 사람은 너희의 하인이다'라고 가르치고 있다.

사실 자기 자신만을 만족시키고, 자신의 필요와 잠재력만을 채우면서 훌륭한 삶을 살 수 있는 사람은 아무도 없다. 봉사할 대상을 찾고 봉사할 방법을 발견하는 사람만이 훌륭한 삶을 살 수 있는 것이다. 우리가 성공한 사람이라고 부르며 존경하는 역사상의 위대한 인물들은 모두 사람들의 삶을 윤택하게 만든 사람들이다. 셰익스피어, 바흐, 모네, 테레사 수녀 혹은 마틴 루터 킹 같은 사람들이 기억되고 추앙받는 이유는 그들이 얼마나 많은 돈을 벌었느냐, 혹은 얼마나 큰 집에서 살았느냐가 아니라, 우리에게 얼마나 많은 것을 누리게 해주었으며, 이 세상을 얼마나 이해하게 해주었느냐 때문이다. 중요한 것은 그들이 가진 권력이 아니다. 그들 내면에 있는 가장 숭고하고 고상한 것을 표현함으로써, 우리로 하여금 우리 안의 가장 숭고한 것을 체험할 수 있도록 해준다는 것이다.

교향곡을 작곡해야만 위대한 삶을 사는 것이 아니다. 고전 작품이 될 만한 글을 쓰거나 걸작품을 그려야만 하는 것도 아니다. 우리 모두는 현재의 위치에서 일을 통해 얼마든지 이 세상을 향해 재능을 발휘할 수 있다. 아이들을 키우는 부모, 학생들을 격려하는 교사, 훌륭한 서비스를 제공하는 사업가…. 우리는 어디에 있든지 주변에 있는 사람들의 삶의 질을 높일 수 있는 무언가를 할 수 있다. 기회는 바로 당신 앞에 있다. 당신에게 주어진 임무를 통해서 말이다.

인간으로서 가장 아름다운 목적을 실현할 수 있는 일은 무엇일까? 그것은 바로 친절과 진실이라고 하는 하나의 작은 촛불을 켠 가운데, 이 세상의 어둠과 절망을 완전히 몰아낼 때까지 우리의 몫을 다하는 것이다.

나는 훌륭하고 고상한 일을 하고 싶지만,
보잘것없는 일을
마치 훌륭한 일을 하듯 하는 것이 내가 할 일이다.
이 세상은 영웅들의 강력한 힘뿐 아니라
정직한 노동자들의 작은 힘이 모여서 움직여지는 것이다.

헬렌 켈러(Helen Keller)

화려한 일을 추구하지 말라.
중요한 것은 스스로의 재능이며,
자신의 행동에 쏟아 붓는 사랑의 정도이다.

테레사 수녀(Mother Teresa)

많거나 적은 것을 이루는 따위는 중요하지 않다.
중요한 것은 하나님을 향한 마음이다.

탈무드(The Talmud)

무의미한 일은 없다.
인간성을 고양시키는 모든 일은 존엄하고 중요하며,
몸과 마음을 다해 열심히 그 일을 해야 한다.
만약 누군가에게 거리의 청소일이 맡겨졌다면,
그는 미켈란젤로가 그림을 그리듯,
베토벤이 음악을 만들듯, 셰익스피어가 시를 쓰듯
그렇게 거리를 청소해야 한다.
하늘과 땅의 주인이 가던 길을 잠시 멈추고,
"여기 자신의 일을 참으로 열심히 했던
한 훌륭한 청소부가 살았노라"라고 말할 수 있도록….

마틴 루터 킹(Martin Luther King, Jr.)

Part Five

삶의 평화

CHAPTER 41

# 문제는 돈을 대하는
# 당신의 태도이다

우리의 삶은 세밀하게 나누어져 있다.

단순함, 단순함, 단순함….

내가 말하노니! 삶의 단순함과 목적의 고결함.

헨리 데이비드 소로(Henry David Thoreau)

사람들이 삶을 포기해버리는 이유는 무엇일까? 그 대답은 윌리엄 제임스가 허버트 조지 웰스에게 보낸 편지에서 쓴 것처럼, '비열한 성공(한때 미국 사회에서 성공이란 말은 '더러운 돈을 많이 갖는 것'을 의미했다. 이러한 사태를 미국 사회의 위선과 부정직의 대표적 증상으로 본 윌리엄 제임스는 '반드시 치유해야 할 국민적인 병'이라고 불렀다)'을 추구하는 과정에서 찾아볼 수 있다.

하지만 돈이 정말 그렇게 나쁜 것일까? 돈이 정말 모든 악의 근원일까? 우리의 삶이 기대만큼 만족스럽지 못한 것을 돈의 탓만으로 돌리고 있는 것은 아닐까?

분명히 말할 수 있는 것은 돈 자체에는 문제가 없다는 것이다. 문제는 돈에 대한 인간의 지나친 사랑이다. 다른 가치 있는 목표를 버릴 만큼 돈을 쫓는 것이 바로 악의 근원이다. 돈은 나쁜 것이 아니다. 제품과 서비스를 사기 위한 수단이며, 노동의 대가일 뿐이다. 우리는 돈을 매개체로 하여 가진 것을 팔고 필요한 것을 살 수 있다. 돈으로 먹을 것을 사고, 책을 사고, 등록금을 내고, 치료비를 내기도 하며 때에 따라서는 목숨을 구하기도 한다.

"돈이면 안 되는 일이 없다. 모든 길이 열린다"고 셰익스피어는 말했다. 실제로 돈은 삶을 보다 편안하고 안락하게 만들어주고, 마찰을 줄여주는 윤활유 역할을 하기도 한다. 피곤하고 지칠 때 휴식을 주고, 우리의 정신과 재능을 계발하는데 필요한 시간과 자원을 제공해준다.


그래서 돈이 부족하면 우리의 삶은 불편하고 힘들게 될 수도 있다. 우선 선택의 폭과 자유가 제한된다. 하기 싫은 일을 해야 할 때도, 살아가기 위해 다른 사람이 시키는 대로 해야할 때도 생긴다(셰익스피어의 말을 다시 인용한다면, '가난이 시키는 것이지, 내 의지가 시키는 것은 아니다'). 게다가 다음 끼니를 걱정하거나 갚아야 할 돈을 걱정하면서 보다 숭고한 이상과 가치 있는 목표를 추구하기란 결코 쉬운 일이 아니다.

'손에 있는 돈은 훌륭한 치료제이다'라는 프랑스 속담이 있다. 영국에는 '돈을 구하라(save) 그러면 돈이 당신을 구할 것이다(save)'라는 속담이 있다. '가장 무거운 짐은 빈 주머니이다.' 체코인들이 돈과 관련하여 말한 속담이다. 그러므로 돈은 사악한 것이 아니라 사실은 우리의 삶에 없어서는 안 될 일부분이다.

하지만 돈이 삶의 목적이 되고 존재 이유가 돼버린다면? 그와 동시에 삶의 의미 있는 성공을 얻을 수 있는 기회는 영원히 사라지고 만다. "돈은 훌륭한 하인이지만, 나쁜 주인이기도 하다"라고 영국의 철학자 프랜시스 베이컨은 말했다.

돈의 문제는 철학이나 삶의 다른 문제와 마찬가지로 흑백 논리로 단순히 옳고 그름을 따질 수 없다. 따라서 분별 있고 절제된 자세로 돈에 다가가야 한다. 아리스토텔레스는 이를 '중용'이라 불렀고 논어에서는 '중용의 도(道)'라고 불렀다. 우리 대부분에게 이런 절제된 접근은 삶의 여러 문제들을 보다 가볍고 단순하게 만들어 주며, 이 단순함은 꿈과 이상을 추구하는데 필요한 자유를 제공해 준다.

돈이 있으면,
당신은 현명하고 잘생긴 사람이며
노래도 잘 부를 수 있다.

유대 속담

돈이 말을 하면 대개 '잘 가'라고 한다.

작자불명

일 년 내에 부자가 되려고 한다면,
6개월 내에 교수형을 당할지도 모른다.

이탈리아 속담

하나님은 가난한 자를 도우신다.
비싸게 치른 죄로부터 그들을 보호하신다.

유대 속담

돈을 모으는 것은 바늘로 땅을 파는 것과 같다.
돈을 쓰는 것은 모래에 스며드는 물과 같다.

일본 속담

# CHAPTER 42

# 이미 가진 것에 감사하라

> 단순함. 선량함. 진리가
> 없는 곳에는 위대함도 없다.
>
> 레프 톨스토이(Lev Tolstoy)

삶을 절제하면서 보다 단순한 것을 위해 노력하기란 결코 쉬운 일이 아니다. 만약 당신이 다른 사람들과 크게 다르지 않다면 본성적으로 언제나 다른 방향으로 나아가려고 할 것이다. 당신의 영혼에서 우러나오는 진리의 길이 아닌 이 세상의 천편일률적인 기준에 부합하면서 말이다. 톨스토이는 이러한 도전을 다음과 같이 표현하고 있다. '한 사람에게 필요한 땅은 얼마나 될까?' 다음의 이야기는 더 많은 땅을 소유하는 것이 인생의 목표인 한 농부에 관한 이야기이다.

농부는 이미 많은 땅을 가지고 있었지만 그것만으로는 만족하지 못했다. 어느 날 정부가 어느 지역의 땅을 무작위로 나누어 준다는 소식을 들은 농부는, 땅을 얻기 위해 긴 여행길에 올랐다.

목적지에 도착한 농부는 동이 트면 특정 지역에서 시작하여 걷든지 뛰든지 아무튼 해가 질 때까지 자신이 원하는 땅만큼 말뚝을 박으면 된다는 다소 이상한 땅의 분배 규칙을 들었다. 그러니까 해가 지기 전까지 그가 말뚝을 박은 땅은 모두 그의 것이 될 터였다. 하지만 만약 해가 지기 전까지 출발지점으로 되돌아오지 못하면 땅을 얻지 못함은 물론, 다시는 그러한 기회를 가질 수가 없다는 것이 규칙이었다.

농부는 자신이 갖게 될 넓은 땅을 바라보며 전율을 느꼈다. '내일이면 내가 가지고 싶은 만큼 땅을 얻게 된다!' 그날 밤 그는 최대한 휴식을 취하였다.

다음 날 아침 동이 트자마자 농부는 자신이 소유할 땅을 향해 서둘러 걸어가기 시작했다. 그는 떠오르는 해를 바라보며 북쪽으로 향했다. 농부는 지치지 않도록 적당한 속력으로 걸어갔다. 그렇게 한참을 가다가 동쪽으로 방향을 돌려야겠다는 생각이 들었다. 자칫하다가는 단 한 뼘의 땅도 차지하지 못할지도 모를 일이었다. 하지만 땅이 어찌나 비옥하고 거른지 욕심을 내지 않을 수가 없었다. 그래서 그는 땅을 좀 더 넓힐 요량으로 북쪽으로 조금 더 걸어갔다.

이윽고 만족할 만큼 북쪽으로 더 걸어간 그는 땅에 말뚝을 박은 후, 동쪽으로 방향을 틀어 발걸음을 재촉하기 시작했다. 뜨거운 태양 때문에 그의 몸은 온통 땀으로 범벅이 되었고 몸은 천근만근이었지만 그는 계속 걸어갔다. 동쪽으로 한참을 걸어간 후, 그는 다시 남쪽으로 방향을 바꾸어야겠다는 생각을 했다. 하지만 비옥한 땅을 더 얻으려는 욕심으로 조금 더 멀리 가서 말뚝을 박았다.

남쪽으로 방향을 틀었을 무렵 입이 바짝 마르고 폐가 쑤셔왔다. 그는 더 이상 걸어갈 힘이 없었지만, 그 안에 있는 무언가가 그를 계속 앞으로 나아가도록 만들었다. '오늘만 지나면 내일부터는 얼마든지 쉴 수 있어.'

마지막으로 서쪽을 향해 방향을 틀었을 때는 이미 해가 서서히 기울고 있었다. 그가 처음 길을 떠났던 출발지점은 지평선 너머로 까마득하게 보였다. 이제 뛰지 않으면 약속된 시간에 도착할 수 없게 되었다. 그는 겨우 다리를 질질 끌며 천근같은 몸을 간신히 움직였다. 마침내 출발지점에 모여 있는 사람들의 얼굴이 보이기 시작했다. 하늘에는 이미 노을이 붉게 물들고 있었다. 이제 단 몇 분밖에 남지 않았다.

마지막 햇살이 지평선 너머로 사라지는 순간, 농부는 힘겹게 마지막 선을 넘으며 쓰러졌다. 마침내 그는 해낸 것이다! 비옥하고 넓은 땅은 드디어 그의 것이 되었다. 하지만 그의 승리는 덧없는 것이었다. 출발선에 기진맥진해 쓰러진 그는 숨을 거두고 말았기 때문이다.

이 비극적인 이야기는 우리 시대의 삶의 모습을 고스란히 보여준다. 이 세상 모든 사람들이 더 많은 땅과 더 많은 돈, 더 넓은 집, 더 좋은 차를 갖기 위해 경주를 벌이고 있다. 잠깐 멈추어 휴식의 즐거움을 느껴보지도 못하고, 이미 가지고 있는 안락을 누려보지도 못한 채 스스로 무덤 속으로 뛰어 들어가고 있다. 많은 사람들이 돈을 벌기 위해 건강을 소모시키고 있으며, 그 건강을 되찾기 위해 번 돈을 다시 쓰고 있다.

이 이야기에 비추어 스스로 자문해보자. '나는 미친듯이 달리고 있는가? 나는 내가 이미 이룩해놓은 부를 즐기고 있는가? 건강, 인간관계, 삶의 단순한 기쁨, 이 땅의 아름다움과 훌륭함을 즐기고 있는가? 더 나이가 들어 지나간 삶을 돌이켜본다면, 과연 어떻게 살았기를 바라는가?'

소위 생활을 즐겁게 해준다는 모든 물건과 사치품은
인류의 고결함에 방해가 되는 것들이며
따라서 없어도 좋을 목록이다.

헨리 데이비드 소로(Henry David Thoreau)


성격, 자세, 스타일, 또는 모든 것에서
가장 탁월한 것은 단순함이다.

헨리 워즈위스 롱펠로(Henry Wadsworth Longfellow)


소유물, 외적인 성공, 명성, 사치….
나는 이런 것들을 항상 경멸해왔다.
단순하고 겸손한 삶의 태도는 누구에게나 가장 바람직하다.

알베르트 아인슈타인(Albert Einstein)


천 한 가지 생각의 눈치를 보느라,
우리는 우리 안에 싹트고 있을지도 모르는
위대한 재능을 제대로 발휘하지도 못한다.

괴테(Goethe)


지혜와 진리와 영혼의 발전에는
일말의 관심조차 없으면서,
돈과 명예와 명성을 얻지 못해
안달하고 있는 자신이 부끄럽지 않은가?

소크라테스(Socrates)

# CHAPTER 43
# 지는 해를 바라볼 수 있다는 것은

적당한 돈은 당신을 떠받칠 것이다.
하지만 더 많이 가질수록,
당신이 그 돈을 떠받쳐야 한다.

영국 속담

한 소년이 땅콩을 꺼내기 위해 항아리에 손을 집어넣었다. 소년은 가능한 많은 땅콩을 움켜쥐었지만, 항아리에서 손을 뺄 수가 없었다. 항아리 입구가 너무 좁아 땅콩을 한껏 움켜쥔 주먹이 빠지지 않았던 것이다. 소년은 손을 빼려고 애를 쓰다가 급기야 울기 시작했다.

"무슨 일이니?" 아들의 울음소리를 들은 엄마가 다가와 물었다.

"항아리에서 손이 빠지지 않아요." 소년이 울먹이며 말했다.

"한 번에 조금씩만 집으렴. 그럼 항아리에서 손이 빠질거야."

소년이 엄마의 말대로 하자 손이 항아리에서 스르르 빠져 나왔다.

'이렇게 쉬운 방법이 있는데, 왜 여태 난 그걸 몰랐지?'

오늘날 많은 사람들은 소년과 같은 힘겨운 상황에 놓여 있다. 왜냐하면 너무 많은 것을 단기간 내에 움켜쥐려고 하기 때문이다. 그 이유는 무엇일까? 무엇이 우리로 하여금 돈과 부를 지금 당장 갖고 싶도록 만드는 것일까?

우리 인간은 유전적으로 부와 물질을 소유하려는 욕구와 기질을 가지고 있다. 다른 생물들 역시 집을 짓고, 먹을 것을 채워 두려는 성향이 있다. 개는 뼈를 감추어 두고 개미는 음식물 조각을 들고, 밀고, 끌면서 집으로 나르기 위해 애를 쓴다. 땅벌은 이 꽃에서 저 꽃으로 부지런히 날아다니며 더 많은 꿀을 모아 마침내 벌집으로 돌아간다.

자연에서는 살아남는 자기 자기 자신과 가족, 식량, 그리고 영토를 지킬 수가 있다. 어찌보면 부를 획득하고자 하는 인간의 욕구와 부분적으로 일맥상통한다. 개미나 꿀벌과 같이 우리의 내면 깊은 곳에는 집을 짓고, 식량을 구하고, 밖으로 나가 더 많은 것을(이따금 우리는 가져올 수 있는 것 이상을 가져오려고 욕심부릴 때가 있다) 구하려는 본성이 있는 것이다.

인간 행동의 대부분은 습득되는 것이며, 이 생물학적인 이치에 문화가 덧입혀진다. 미국 시민들은 개척주의 전설의 후손들이다. 세계 각지에서 미국으로 건너온 미국의 조상들은 엄격한 금욕정신과 절제심을 후손들에게 물려주었다(자신의 의지와 상관없이 잔인하게 팔려온 아프리카계 미국 조상을 제외하고). 그들은 기회와 부를 찾아 미국으로 왔으며, 자기 자신과 가족을 위해 보다 나은 삶을 꾸려가고자 힘든 역경을 견디어냈다.

새로운 미국인들은 거대한 도시를 건설하고, 새로운 국경과 부와 번영의 기회를 찾아 동부에서 서부로 급속히 퍼져나갔다. 그러면서 간혹 야심에 눈이 멀어 끔찍하고 잔혹한 짓을 저지를 때도 있었다. 아프리카인들은 동물처럼 사고 팔렸으며, 백인 주인을 위해 재산을 늘리는 일을 자신의 의지와는 상관없이 해야만 했다. 아메리카 원주민들은 거의 몰살당했으며 무고한 피가 온 땅을 적셨다.

산업혁명이 도래하면서 무분별한 개발이 시작되었고, 온 나라의 공기, 물 등 귀중한 천연 자원이 훼손되었다. 그러나 이러한 역경과 투쟁에도 불구하고 이 모든 것을 극복한 사람들, 부자가 된 사람들, 그리고 개척주의의 불을 지핀 사람들의 이야기는 널리 알려졌다.

개척주의 정신은 오늘날에도 변함없이 지탱되고 있다. 한 가지 비유를 하자면, 미국인들은 아직도 서부를 지향하고 있다. 더 많은 땅, 더 많은 돈, 더 많은 재산을 갖기 위해 해가 지기 전까지 달려가는 전설에 사로잡혀 있다. 우리는 여전히 성공한 사람들의 스토리에 매료되어 있는데, 그들이 성공을 했다면 우리 역시 할 수 있다고 믿기 때문이다. 하지만 성공은 하루아침에 이루어지지 않는다. 그럼에도 우리는 열심히 경작한 땅에서 다음날 아침에 수확을 얻지 못하면 실망하고 초조해한다.

오늘날의 기회는 점점 전문화되고 특화되고 있다. 수년 간의 노력과 준비가 요구되기도 한다. 간혹 자신에게는 아무 기회도 주어지지 않으며, 부유함에 대한 미국의 약속은 깨지고 꿈은 거짓말이라고 느끼는 사람들도 많다. 그래서 꿈을 포기하고, 나아가 야망을 저버린 채 술과 마약에 빠진다. 범죄나 반사회적인 행동으로 긴장을 푸는 경우도 있다. 자신을 잘못된 길로 이끈 사람들에게 화풀이를 하고 모멸감에 규칙을 어기기도 한다.

많은 사람들이 느끼는 긴장감, 물질적이고 재정적인 성공에 대한 갈망은 시장에 쏟아져 나오는 새로운 물건들과 사치품에 의해 더욱 고조되고 있다. 그중에는 물론 필요한 것도 있지만 그렇지 않은 것들도 많다.

이에 대해 소로는 "사치품은 사는 데에 반드시 필요한 것도

아닐 뿐더러, 인간의 고결함에 방해가 된다"고 했다. 우리는 종
종 최신 유행의 스타일, 자동차, 가전제품들이 필요하다고 생각
할 때가 있는데, 그것은 광고에 의해 끊임없이 설득당하기 때문
이다.

실제로 우리는 그런 것들 없이도 행복할 수 있으며, 오히려 훨
씬 더 단순하면서도 충만한 삶을 살 수 있게 될 것이다. 분명한
것은 우리의 귀중한 시간과 에너지를 물질적인 욕망과 돈을 얻
는데 쓰지 않는다면, 보다 높은 이상을 추구할 자유를 더 많이
갖게 될 것이라는 점이다.

이러한 어려운 상황에서 벗어날 수 있는 방법(항아리에 갇힌 손
을 빼는 방법)은 생활을 단순화하고 집착에서 벗어나는 것이다.
또는 당신이 이미 많은 부를 소유하고 있음을 깨닫는 것이다. 물
질적인 안락보다는 예를 들어 건강, 인간관계, 그리고 당신이 배
우고 이루어냈던 많은 것들을 생각하는 것이다.

어느 현명한 사람은 "우리가 부자인지 아닌지는 얼마나 많은
돈을 가지고 있느냐가 아니라, 돈과 상관없는 것들을 얼마나 많
이 가지고 있느냐로 평가할 수 있다"고 말했다. 이러한 측면에
서 볼 때, 해가 지거나 눈이 내리는 것을 눈으로 직접 볼 수 있다
는 것이 얼마나 소중한가? 바다의 파도소리나 어린아이의 웃음
소리를 들을 수 있는 능력을 다른 무엇과 바꾸겠는가? 사랑하는

사람들과 함께 있을 수 있다는 사실은 얼마나 소중한가? 생각하고 꿈을 꿀 수 있다는 것이 얼마나 소중한 일인가? 당신의 자유와 믿음의 가치는 얼마나 될 것인가?

나는 돈에 붙잡혀 있는 사람,
돈을 걱정하며 사는 사람이
정말로 가난한 사람이라고 생각한다.

테레사 수녀(Mother Teresa)


많은 재물보다 명예를 택할 것이요,
은이나 금보다 은총을 더욱 택할 것이니라.

잠언 22장 1절(Proverbs 22:1)


소유에 기초한 삶은
존재에 기초한 삶보다 훨씬 덜 자유롭다.

윌리엄 제임스(William James)


아버지의 지혜를 물려받은 사람만이
가난하게 살 수 있다.

윌리엄 펜(William Penn)


문명화의 실제 의미는
물리적인 증식이 아니라
원하는 것을 신중하게 자제하는 것이다.
오직 이것만이 행복과 만족을 증진시키며,
헌신을 가능케 한다.

마하트마 간디(Mahatma Gandhi)

# CHAPTER 44

# 가난할 수 있는 용기

용기는 평화를 위해 삶이 치러야 하는 대가이다.

아멜리아 에어하트(Amelia Earhart)

소비중심의 일상은 너무도 매력적이다. 따라서 우리는 종종 소유하고 있는 것, 혹은 무언가를 살 수 있는 능력을 성공의 판단 기준으로 삼는다. 돈과 재산은 또 이러한 면에서 성공의 정도를 평가하기 쉽다는 특징을 가지고 있다.

생계는 물론 중요한 문제이다. 돈과 물질적인 소유물은 우리의 행복과 생존에 없어서는 안 되는 것들이다. 나아가 우리 자신과 가족을 돌보고, 우리가 베푼 서비스에 대한 보상을 받으면서도 자신감과 성취감을 동시에 느낄 수 있다면 이보다 좋은 일

은 없을 것이다. 그렇지만 물질적인 성공은 이따금 우리로 하여
금 넘어서는 안 될 선을 넘게 한다. 앞만 보고 달리는 융통성 없
는 사람이 되게도 하며, 외적인 보상을 기대하지 않고 자신의 비
전과 기준을 추구하는 진정한 용기를 우리에게서 빼앗아 가기도
한다.

빈센트 반 고흐는 평생 단 한 개의 그림만을 팔았으며 동생에
의존한 채 궁핍한 삶을 살았다. 며칠 동안 먹을 것을 아껴 물감
과 캔버스를 살 때도 있었다. 그럼에도 불구하고 그는 자신의 작
품에 독창성이라는 색깔을 입히기 위해 최선을 다했다.

월트 휘트먼은 손수 출간한 《풀잎 Leaves of Grass》이라는 시집
을 전국에 있는 작가와 문학 비평가들에게 보냈다. 그들에게 인
정을 받기 위해서였다. 하지만 그의 시집은 혹평을 받았다. 그가
받은 유일한 위로는, 계속 글을 쓸 것을 부탁한 랄프 왈도 에머
슨의 짤막한 편지 뿐이었다. 물론 휘트먼은 계속하여 글을 썼다.

미켈란젤로는 외롭고 가난한 삶을 살았다. '그림은 나의 아내
이며, 내 작품은 나의 아이들이다'라고 할 만큼 말이다. 비록 많
은 명성을 얻고 왕족들과 교황을 위해 일을 했지만, 그는 물질
적인 보상이 아닌 예술가로서의 자신의 발전을 위해 혼신의 힘
을 기울였다. 그는 "이 세상의 약속은 가장 공허한 망상에 불과
하다. 자기 내면의 세계에 집중하여 가치 있는 사람이 되는 것이

최선의 길이며 가장 큰 만족을 얻는 길이다"라고 말했다.

그러나 이런 용기가 누구에게나 있는 것은 아니다. 우리 대부분은 외적인 보상을 기꺼이 무시하고 우리 자신의 이상을 추구할 만큼 강한 목적의식이나 정체성을 가지고 있지 않다. 천부적인 재능을 계발하는 일이나 젊은 시절의 꿈은 한쪽으로 제쳐둔 채 좀 더 실질적이고 안전한 것을 추구하고 있는 것이다. 결과적으로 우리 존재의 일부는 영원히 만족하지 못한 상태로 남아있게 된다. 시간이 한참 흐른 뒤 돈과 부가 공허감을 채워주지 못한다는 것을 깨닫고 나서야, 자신이 얼마나 엄청난 실수를 저질렀는지를 깨닫게 된다. 그때야 비로소 아직 남아 있는 소중한 날들을 진실하게 채워가려는 결심을 한다. 하지만 이미 흘러가버린 시간과 얼마 남지 않은 시간들은 어떻게 보상받을 수 있을 것인가? 지나간 시간은 영원히 돌아오지 않는 것을….

가장 부유한 사람은
지금 가지고 있는 것에 만족하는 사람이다.
아일랜드 속담

가난이 짐이라면 부유함 역시 짐이다.
병든 사람을 나무 침대에 눕히느냐
금으로 만든 침대에 눕히느냐는 중요하지 않다.
어디를 가든지 병든 사람은
병을 가지고 갈 것이기 때문이다.
세네카(Seneca)

돈은 대개가 껍데기일 뿐 알맹이는 아니다.
돈으로 먹을 것을 살 수는 있지만
식욕은 살 수 없으며,
약은 살 수 있되 건강은 살 수 없다.
재물을 살 수는 있지만 친구는 살 수 없고,
하인은 살 수 있으나 충직함은 살 수 없다.
즐거운 날들을 살 수는 있으나
평화나 행복은 살 수 없다.
헨릭 입센(Henrik Ibsen)

체스가 끝나면,
왕(王)도 졸(卒)과 함께 체스통에 담겨진다.
이탈리아 속담

CHAPTER 45

# 마음 부자, 주는 자의 여유

수단을 더 동원할 게 아니라
욕구 수준을 낮추어라.
아리스토텔레스(Aristotle)

우리는 노력의 결과를 얻기 전, 즉 성공으로 향하는 과정에서도 성취감을 느끼고 싶어한다. 돈을 빌려서 집을 사고 차를 사고 원하는 것을 산다. 신용을 팔아서 옷이나 장신구를 사기도 한다. 때론 유용하지만 이는 매우 위험한 방법이다.

미국 사람들은 대체로 참을성이 부족하고 쉴 줄을 모른다. 특히 기술 자동화 시대의 사람들은 빠르고 쉬운 것에 익숙해 있다. 크레디트시스템(신용시스템)은 힘들게 일을 하거나 몇 달 혹은 몇 년씩 기다리지 않아도 지금 당장 원하는 것을 가질 수 있게 해준다.

미국 사람들은 또 매우 낙관적이다. 이런 선천적인 낙관주의
는 장점도 되지만 동시에 실패의 원인이 되기도 한다. '미래에는
다 잘 되겠지' 하는 마음으로 신용카드를 사용하고 융자를 받는
다. 그리하여 원하는 것을 미리 갖는다.

수입을 예상하고 미리 돈을 빌렸지만, 우리의 찬란한 내일은
새로운 필요와 욕구를 만들어낸다. 대출 받아 산 자동차에 예상
치 못한 수리비가 들고 신용카드로 산 옷은 낡아 구식이 된다.
그래서 우리는 다시 돈을 빌리고, 빌린 돈으로 사기를 반복한다.
더 좋은 것을 더 많이 갖고 싶은 욕망을 채우지만 빚은 산더미처
럼 쌓여간다.

빚은 보다 숭고한 이상을 추구하거나, 능력에 의지하여 성공
적이고 만족한 삶을 사는데 결정적인 방해가 될 수 있다. 신용카
느는 보나 많은 자유의 기회를 주지만, 우리는 이 자유와 기회의
대가를 비싼 이자와 함께 지불해야 한다. 뿐만 아니라 꿈과 이상
을 추구할 수 있는 기회도 사라지고 말 것이다. 외상으로 진 빚을
갚으려면 무작정 일단 돈을 벌어야하기 때문이다. 건강이나 개
인적인 일을 위한 시간을 내기도 힘들 것이다. 이미 써버리고, 먹
고, 없어진 돈을 갚기 위해 쉬지 않고 일을 해야 하기 때문이다.

빚을 지지 말라고 경고하는 속담들은 여러 나라에 퍼져 있다. '빚으로 사면 모두 싸게 느껴진다', '돈을 빌린 사람은 울게 된다', '빚이 우리의 것을 좀먹는다', '빈속으로 잠자리에 드는 것이 빚을 지고 잠에서 깨는 것보다 훨씬 낫다', '그는 빚을 지지 않을 만큼 부자다'.

물론 신용카드와 빚이 모두 나쁜 것은 아니다. 장점도 많으며 현대 사회에서 없어서는 안 될 부분이기도 하다. 우리가 꿈꾸던 집과 물건을 살 수 있게 해주며 사업을 시작할 수 있는 자본이 되어 주기도, 귀중한 물건이나 서비스를 살 수 있게도 해준다. 다시 오지 않을 기회를 잡도록 도와주기도 한다. 어려운 시기나 위험한 순간으로부터 우리를 구해주기도 한다.

돈과 마찬가지로 신용카드는 하나의 축복일 수도 있으며 반면 재앙일 수도 있다. 결과는 우리의 생각과 행동에 달려 있는 것이다.

그렇다면 어떻게 돈과 신용카드에 관해 올바른 판단을 내릴 수 있을까? 그 열쇠는 바로 가지고 싶은 마음을 줄이는 것에 있다. 기본적인 의식주 욕구를 해결하기란 상대적으로 간단하고 쉽지만, 에피쿠로스의 말대로 '부에 대한 허영은 끝이 없다.' 우리가 아무리 애를 써도 더 많이 갖고자 하는 욕구는 항상 우리를 앞질러 갈 것이다.

따라서 자유와 만족은 욕구를 채우는 데 있는 것이 아니라 그 욕구를 절제하는 데에 있다. 욕구를 완전히 채우기란 불가능하기 때문이다.

생각해보면 우리들 대부분은 최고의 부자들이 즐기는 모든 것을 이미 다 가지고 있다. 우리도 그들과 똑같이 지붕이 있는 집 안 침대에서 잠을 잘 수가 있다. 한 벌의 옷을 입을 수 있으며, 한 대의 자동차를 운전할 수 있고, 한 번에 한 끼의 식사를 할 수 있다. 열 개가 넘는 방이 딸린 맨션, 옷이 가득 찬 옷장, 자동차로 늘어선 주차장은 사실 필요 밖의 몫이다. 그런 소유물들은 우리로 하여금 안정감을 줄 수는 있지만, 그것은 우리 내부에서 오는 안정감이 아니기 때문에 언제라도 사라질 수 있는 것들이다.

하지만 우리 자신과 우리가 할 수 있는 것에 대한 자신감은 그렇지가 않다. 불필요한 재산은 다른 사람들의 존경과 감탄을 자아낼 수는 있지만, 그러한 감탄은 간혹 가장된 시기심일 때도 있다.

게다가 삶을 재산과 소유물로 채우려는 욕구를 쫓다 보면 자칫 우리의 자유를 빼앗길 수도 있다. 무언가를 가지게 되는 순간, 우리는 물건들의 지배를 받게 된다. 우리가 그 물건들에 관심을 쏟는 마음에 비례해서 말이다. 만약 우리가 재물을 중요하게 여긴다면 그 재물은 마음속에서 주인 행세를 하며 창의적인 일을 추구하는데 필요한 사랑과 열정을 스펀지처럼 모두 빨아들일 것이다.

그러므로 물건을 소유하고 쌓아두려는 우리의 욕구를 조절하면서 신중하고 독립적인 소비를 하는 방향으로 바꿔야 한다. 그래야만 '물욕'이라는 족쇄에서 벗어나 자유로워질 수 있다. 또한 그렇게 하여 진정으로 원하는 일을 할 수가 있는 것이다. 우리는 돈으로 물건들을 사지만 시간과 에너지, 즉 우리의 삶으로 돈을 사기도 한다. 삶을 인질로 잡아 둔 채 재물과 소유물을 사들이고 있는 것이다. 너무 많은 시간을 그 대가로 치르고 있는 것은 아닌지, 판단은 전적으로 당신의 몫이다.

너무나 많은 사람들이
자신이 벌지 않은 돈을 쓰고,
원하지 않는 것을 사고,
좋아하지 않는 사람들에게 감명을 준다.
윌 로저스(Will Rogers)


사치는 항상 필요를 가장하고 있다.
프랑스 속담


작은 지출을 조심하라.
작은 구멍으로 들어오는 물 때문에
배가 가라앉는다.
벤자민 프랭클린(Benjamin Franklin)


부의 추구가 아무리 자연스럽고
해가 없다 해도
정신적으로는 아주 위험힐 수 있다.
우선순위가 정확한지를 판단하는 방법은
우리가 원하는 것을 놓고
하나님께 기도하는 습관을 갖는 것이다.
진지하게 마음을 열고 기도한다면,
유익한 방향을 향해
우리의 욕구와 소원이 향하고 있음을
알게 될 것이다.
지미 카터(Jimmy Carter)

# CHAPTER 46

# 소중한 사람,
# 그 무엇과도 바꿀 수 없는

감사하는 마음은
가장 고귀한 미덕일 뿐 아니라,
모든 미덕의 아버지이다.

키케로(Cicero)

프랜시스 젠킨스 올코트가 각색한 전래동화에는 젊은 엄마와 어린 딸의 이야기가 나온다.

젊은 엄마가 어린 딸과 함께 산딸기를 따기 위해 숲속으로 향했다. 그들이 산등성이로 올라가는 도중에 갑자기 앞에 있던 큰 바위가 갈라지며 동굴이 나타났다.

놀라서 눈이 휘둥그레진 그들 앞에 눈부시게 하얀 옷을 입은 요정이 나타나 웃으면서 말했다.

"안으로 들어와 보물을 구경하세요. 전 당신들을 해치려는 게 아니랍니다."

동굴 안에는 수천 개의 금화가 가득 쌓여 있었다.

"당신이 집을 수 있는 만큼의 금화를 가져가세요. 그건 당신 것이에요." 요정이 말했다.

젊은 엄마는 한 손으로는 딸의 손을 잡고 다른 손으로 금화 한 웅큼을 쥐어 주머니에 넣었다. 순간 욕심이 발동한 그녀는 딸의 손을 놓고 두 손으로 금화를 움켜쥔 다음 황급히 동굴을 빠져나왔다. 그녀가 동굴 밖으로 나오자마자 갑자기 동굴 벽이 닫히기 시작했다.

"어리석은 여인이여, 금화에 눈이 어두워 당신 딸을 두고 왔군요. 일 년 후에 다시 오세요. 그럼 딸을 다시 볼 수 있을 거예요."

그리고 문은 흔적도 없이 사라졌다.

"내가 도대체 무슨 짓을 한 거지?"

그녀는 울부짖으며 말했다. 다시 안으로 들어가려고 안간힘을 써보았지만 아무 소용이 없었다. 그녀는 울며 통곡하다가 쓰러지고 말았다.

정확히 일 년 후, 젊은 엄마는 다시 동굴로 돌아 왔다. 동굴 문이 활짝 열려 있었고, 요정이 입구에 앉아 있었다. 그 옆에 앉아 있던 그녀의 딸이 엄마를 보자마자 펄쩍펄쩍 뛰며 소리를 질렀다. "엄마, 엄마!"

"들어오세요." 요정이 말했다. "여기 있는 금화를 가져갈 수 있을 만큼 가져가세요."

하지만 젊은 엄마는 딸을 향해 달려가 딸을 끌어안고 얼굴에 키스를 퍼부었다. "난 금화 따윈 필요 없어요. 내 아이만 있으면 돼요."

불행히도 이 이야기는 지금 우리 시대를 떠올리게 한다. 우리들 대부분은 이미 일궈놓은 부를 누릴 사이도 없이, 가족이나 친구들과의 관계를 생각할 겨를도 없이, 더 많은 물질을 추구하느라 너무나 바쁘게 살고 있다. 경제적인 목표를 달성하는 것도 물론 중요하지만, 생계유지와 삶을 꾸려나가는 일 사이의 균형을 유지하는 것이 보다 중요하다.

동유럽에서 수백 년 동안 전해져 오는 또 다른 이야기가 있다. 서로 사랑하는 젊은 남녀가 결혼하기로 결심했다. 그런데 문득 자신의 결혼이 불안해진 여자는 결혼식을 올리기 전에 약혼자를 찾아가 진지하게 말했다.

"당신을 사랑해요. 난 우리의 사랑이 변하지 않을 거라 믿어요. 하지만 약속해주세요. 만약 우리가 서로 사랑하지 않는 날이 오면, 그래서 내가 우리 부모님댁으로 다시 돌아가야 한다면, 나에게 가장 소중한 물건 하나를 가져가게 해주세요."

남자는 여자의 말을 깊이 담아두진 않았으나, 진지한 그녀의 말에 그렇게 하겠다는 각서를 쓰고 서명까지 했다. 그리고 그들은 결혼식을 올렸다.

수 년 동안 부부는 열심히 일을 했다. 돈을 모아 멋진 집을 사고 근사한 가구로 집을 채웠다. 시간이 흐르면서 이들은 부자가 되었고 유명인사가 되었다.

그러던 어느 날 오후, 파티를 준비하던 그들은 사소한 일을 놓고 심한 말다툼을 벌였다.

"당신은 정말 자신과 돈밖에 모르는 사람이군!" 남편이 고함을 지르며 계속 말을 이어갔다.

"당신은 더 이상 나한테 관심이 없어. 이런 식으로 결혼 생활을 끌고 나갈 이유가 없어."

아내는 그의 말에 깊은 상처를 받았다. 한동안 말이 없던 그녀가 이윽고 입을 열었다.

"좋아요. 내가 나가겠어요. 하지만 오늘 저녁 파티는 마무리를 지어야죠. 친구들을 실망시킬 수는 없으니까요. 파티가 끝나는 대로 떠나겠어요."

남편도 아내의 말에 동의했다. 파티가 열리는 내내 아내는 남편의 포도주잔이 비지 않도록 신경을 썼다. 남편은 곧 술에 취해

거실 벽난로 앞에서 잠이 들었다.

아내는 손님들에게 작별 인사를 했다. 그리고 남편을 조심스럽게 친정집으로 옮겼다. 다음 날 아침, 잠에서 깨어난 남편이 놀라 물었다.

"여기가 어디지? 대체 어떻게 된 일이지?"

침대 옆에 앉아 있던 아내가 대답했다.

"여보, 만약 우리가 헤어지면 가장 중요한 것 하나를 가져가게 해주겠다고 약속했었죠? 그래요, 이 세상에서 내게 가장 중요한 것은 바로 당신이에요. 난 그 어느 때보다 당신을 사랑해요."

남편은 자신이 얼마나 어리석었는지를 그제서야 깨달았다. 그는 아내를 끌어안으며 서로가 서로에게 얼마나 중요한 사람인지, 그들의 삶이 얼마나 큰 축복을 받았는지 절대 잊지 않겠다고 맹세했다.

최고의 부는 건강이다.

웨일즈 속담


하늘은 현재의 삶을
태만하게 보낸 것을 만회하도록
두 번째 삶을 허락하지 않는다.

토머스 제퍼슨(Thomas Jefferson)


매일매일의 소중함보다
더 소중한 것은 없다.

괴테(Goethe)


선한 행동으로
매일매일을 새롭게 맞이하라.

레프 톨스토이(Lev Tolstoy)


우리 안에 평화가 없다고
다른 것에서 평화를 찾는다는 건
공허한 일이다.

라 로슈푸코(La Rochefoucauld)

# CHAPTER 47

# 부유한 인생,
# 많이 주고 많이 받는

> 나에게 낮과 밤의 한 시간,
> 한 시간은 말로 표현할 수 없는 완벽한 기적이다.
>
> 월트 휘트먼(Walt Whitman)

"나는 누구나 똑같은 노력을 기울이고 똑같은 희망과 믿음을 키워나간다면, 그들이 나보다 더 잘 할 수 있다는 것에 일말의 의심도 가지고 있지 않다. 난 아직도 내 앞에 건너야 할 힘겨운 산이 있다는 것을 알고 있다."

얼핏보기에 간디의 이 말은 그가 쉽고 편한 일생을 살았을 것이라는 추측을 불러일으킬 수도 있다. 하지만 자기 희생과 극기심과 저력이 한데 모여 성공을 이룬, 보잘 것 없는 외모의 인도 사람. 그 당시 그 누구보다 인도 국민들의 권리와 자유를 주장하며 인도의 문제를 전 세계적인 사건으로 이끈 장본인. 그는 평생을 거의 감옥에서 보냈을 만큼 고단한 삶을 자청했으며, 결국 동포들을 위해 죽음에 이르기까지 했다(그는 무려 열 여섯 차례나 금식을 했으며, 죽음의 문턱에 다다른 적도 많았다). 아인슈타인은 간디의 비극적인 죽음 이후에 이렇게 그를 칭송했다. "미래 세대들은 간디와 같은 사람이 한때 이 땅에 살았었다는 사실을 믿지 못할 것이다."

우리는 때로 자신에 대한 부족함을 느끼곤 한다. 하지만 간디는 모든 사람들에게 자신만의 위대한 삶을 살 수 있는 잠재력이 있다고 강조했다. 문제는 기적을 만들어내려는 욕구가 얼마나 강한가와 그에 합당한 노력을 하고 있느냐이다.

그러나 우리가 가야 할 길은 실로 험난하다. 자연의 일부인 우리는 이 세계 안에서 다른 종(심지어 다른 종을 잡아먹으면서)의 희생의 대가로 살아남고 발전한다. 힘과 적응력이라는 잔인하고 복잡한 경쟁의 한가운데에서 말이다.

동시에 우리 인간은 뛰어난 자의식과 삶에 대한 인식을 가지고 있다. 서로 협력하고 남을 돕는 마음은 인간이 이성을 가지고 있기에 가능한 것이다. 그래서 인간만이 문화와 문명을 가지고 있는 것이다.

우리 모두는 삶의 방향과 운명을 이끌어 갈 능력을 가지고 있다. 물론 이기적이고 탐욕스런 충동에 굴복할 수도 있다. 아니면 양심이 시키는 대로 다른 사람에게 헌신하는 삶을 살면서 가장 숭고하고 고결하며 가장 인간적인 내면의 한 부분을 채워 가는 길을 걸을 수도 있다.

열정을 가진 작곡가처럼 우리도 욕구와 충동의 불협화음으로부터 아름다운 음악을 만들 수 있다. 위대한 화가처럼 동기와 열망의 다채로운 팔레트로부터 아름다운 초상화를 그릴 수가 있다. 모든 사람의 감탄을 받고 영원히 기억될 불후의 명작을 만드느냐 아니면 잠재력이 묻어나지 않은 미완성의 졸작에 그치느냐는, 그 일에 얼마나 헌신하느냐에 따라 결정되는 것이다.

헌신의 정도에 따라 삶의 방향이 좌우된다는 것은 여러 종교에서도 강조하고 있다.

예수는 "주라. 그리하면 너희에게도 주어질 것이니 곧 후하게 되어 누르고 넘치도록 받을 것이니…"라고 했으며, 유대교의 토라에서는 "뿌린 대로 거둘 것이다"라고 했다. 또 탈무드에서는, "다른 사람을 평가하는 바에 따라 그대로 평가받을 것이다"라고 말하고 있다.

종교는 대부분 우리의 정신적인 행복을 중요시한다. 그러나 주는 것이 받는 것을 결정한다는 생각은 보편적이고도 유물론적인 해석에 더 가깝다.

랄프 왈도 에머슨은 "사람을 사랑하고 사람에게 봉사하면, 아무리 피하려 해도 반드시 보상을 받게 될 것이다"라고 하면서, "삶은 원인과 결과의 영원한 가르침이다. 모든 것의 본성과 영혼은 그 자체가 모든 계약 내용을 포함하고 있다. 그래서 정직한 봉사는 결코 손해가 될 수 없다"라고 했다.

에머슨은 뉴턴의 영향을 받아 균형잡힌 관점을 가진 사람이었다. 뉴턴은 '모든 행동은 똑같은 반응, 또는 전혀 다른 반응을 유발하며, 모든 원인은 같은 정도의 결과를 자아낸다'고 생각했다. 뉴턴은 이러한 법칙을 관찰과 측정이 가능한 물리적 현상에서 유추해냈다. 그러나 에머슨은 한 걸음 더 나아가 원인과 결과를 인간의 행동과 관계에 적용시켰다.

그의 주장에 따르면 만약 열심히 일하고 정직하게 훌륭한 서비스를 제공한다면, 언젠가는 그 서비스에 대한 보상을 받게 될 것이다. 가치는 결국 인정과 보상을 받는다. 원인은 결과를 만들어내기 때문이다. 반대로 정직하지 않거나 저질의 서비스를 제공한다면, 결국 진실은 밝혀지고 그에 마땅한 벌을 받게 될 것이다. 이것이 바로 세상 모든 것들의 본질이다.

하지만 과연 그럴까? 우리는 정말 뿌린 대로 열매를 거두는 공정하고 질서정연한 세상에 살고 있을까? 그렇다고 생각하면 위로가 될지는 모르지만, 보상과 벌이 실제로는 우리가 납득하기 어려운 방법으로 되돌아오기도 한다.

씨를 뿌려 정성으로 가꾸던 모든 것이 순식간에 홍수에 떠내려가기도 하고, 메뚜기에게 뜯기거나, 가뭄에 의해 말라죽을 때도 있다. 이런 위기를 만나면 우리는 열심히 일하고 정직하고 진지하게 훌륭하게 살았지만 세상이 우리 앞을 막는 것만 같다. 통제할 수 없는 환경(심술궂은 고용주, 배타적인 대중 혹은 변화무쌍한 시장 등)은 우리로 하여금 눈에 보이는(혹은 명성이나 인정과 같은 보이지 않는) 보상을 받지 못했다고 느끼게 한다. 게다가 죽음의 위험을 당하거나, 물질적인 궁핍함에 처할 수도 있다. 비극이나 고통의 희생자가 될 수도 있는 것이다.

우리는 항상 완벽하고 질서정연한, 아니면 적어도 이해할 수 있는 세상에서 사는 것이 아니다. 흥미롭게도 현대 심리학자들은 '불확실성의 원리'를 인정하게 되었다.

이 원리에 의하면, 주어진 어떤 특정 원인이 반드시 지속적이고 예측 가능한 결과를 만들어내는 것이 아니라, 다양성을 찾아볼 수 있다는 것이다. 이런 결과는 사건을 주관적으로 평가하는 인간의 특성에서 비롯되고 있다.

실제로 상식을 벗어나는 일은 종종 발생한다. 마치 기초 분자가 자유의지대로 움직이듯이 말이다. 하지만 시시각각으로 변하는 결과는 결국 평균에 도달하고 하나의 형태가 생겨나게 마련이다.

우리 자신도 불확실성의 원리를 종종 경험한다. 우리의 행동은 항상 동일한 결과를 만들어내지 않는다. 우리가 노력했던 것에 대해 물질적으로 보상을 받기도 하지만 가끔은 그렇지 않을 때도 있다. 전혀 예측하지 못한 아주 불공평한 일이 일어날 때도 있다. 하지만 시간이 지나고, 또 죽음에 이르기까지(너무 극단적인 것 같기는 하지만), 삶의 기복은 결국 보상과 억울함, 그 중심 어딘가에 이르게 되고 하나의 형태가 생겨난다. 그리고 그 형태에 따라 우리가 노력하는 것에 상응하는 보상도 결정되기 마련이다.

받은 것을 함께 나누어라.
그 나눔엔 당신 자신도 포함된다.
테레사 수녀(Mother Teresa)

최선을 다하고 있다면,
우리는 우리의 삶에, 혹은 다른 사람의 삶에
기적이 일어났음을 알아차리지 못한다.
그들에게 기적은 당연한 결과이기 때문이다.
헬렌 켈러(Helen Keller)

자신의 삶이 어떤 결과를 만들어내는지,
자신이 다른 사람에게 무엇을 주는지
아는 사람은 아무도 없다.
그것은 눈에 보이지 않는다.
알베르트 슈바이처(Albert Schweitzer)

한 평의 땅이나
약간의 돈을 빌려준 친구에게는 감사한다.
그러나 자유와 이 땅에 대한 지배와
우리의 존재와 삶과 건강과
이성의 놀라운 은혜를 알게 해준 친구에게는
감사하지 않는다.
세네카(Seneca)

다른 사람의 짐을 덜어주는 사람은
모두 이 세상에 필요한 사람들이다.
찰스 디킨스(Charles Dickens)

# CHAPTER 48
# 나로 인해 세상이
# 조금 더 아름다워진다면

내가 죽으면, 나를 가장 잘 아는 사람이 이렇게 말해주기를 바란다.
"당신이 잡초를 뽑고 꽃을 심은 곳은 언제나 꽃이 자랄만한 곳이더군요."

에이브러햄 링컨(Abraham Lincoln)

"젊음이 지나가고 있다는 한 가지 증거는, 다른 사람들과 함께
있을 때 그들과 동료의식이 생겨난다는 점이다"라고 버지니아
울프는 말했다. 실제로 우리는 다른 사람들과 복잡하게 얽혀 있
다. 타오르는 삶의 불꽃을 지키고 있는 우리 모두는 과거에는 어
린이였으며 미래에는 부모나 노인이 될 사람들이다. 우리는 우
리의 행동과 삶의 방식에 대해 주위 사람들과 서로 영향을 주고
받으며, 그리하여 끝없는 상호의존과 영향력의 고리 속에 있다
는 것을 알고 전율한다. 우리 모두는 함께 이 세상의 모습을, 인

류의 미래를 만들어가고 있는 것이다.


탈무드에는 어느 여행객이 쥐엄나무를 심고 있는 한 노인을 우연히 만나는 이야기가 나온다.

"이 나무가 언제 열매를 맺을까요?" 여행객이 노인에게 물었다.

"글쎄, 한 70년 후쯤이 되겠지."

쥐엄나무에 열매가 맺을 때까지 노인이 결코 살 수 없음을 너무나 잘 알고 있는 여행객이 다시 물었다.

"할아버지가 이 열매를 따서 드실 때까지 살 수 있을까요?"

"아니지. 그러니까 내가 처음 이 세상에 왔을 때도 이 세상은 황량하지 않았네. 우리 아버지와 어머니들이 내가 태어나기 전에도 나무를 심으셨으니까. 그래서 나도 내 자손들을 위해 나무를 심는 거라네."


우리 모두는 삶에 대한 책임을 지고 있다. 우리는 앞서간 사람들의 고통과 훌륭한 행동에 대해 빚을 지고 있을 뿐 아니라, 값으로 따질 수 없는 귀중하고 엄숙한 삶의 선물을 받았다.

우리가 존재하는 모든 시간은 금이나 재물보다 소중하며 하루하루는 그 무엇보다 귀중하다(숨을 쉬고 있는 것조차도 하나님께 감사해야 한다). 남에게 베푸는 가운데, 하나님의 뜻에 따라 최선을 다하는 가운데, 그리고 슈바이처의 말대로 '삶에 대한 경외심과 감사하는 마음'을 가지고 행동하는 가운데, 우리는 인간으로서 최고의 잠재력을 발휘할 수 있게 된다.

이 힘든 여정을 가는 데는 고통이 따른다. 이는 '전지전능하고 인정 많은 하나님이 우리가 고통을 겪도록 내버려 둘 리가 없다'는 종교적인 믿음에 대한 반대논쟁으로 간주되기도 했었다. 사실 인정 많은 하나님이 세상의 고통을 그대로 두었다면 결코 전능한 분이라고 할 수 없을 것이다. 그리고 인자한 분이라고 말할 수도 없을 것이다.

풀기가 쉽지 않은 문제다. 하지만 하나님은 우리 모두에게 고통을 주시고, 또 고통을 덜 수 있는 능력까지 주셨다. 마치 자녀에게 힘든 길을 걷게 하여 성장하는 모습을 보고자 하는 부모처럼 하나님 또한 우리에게 사랑과 창의력을 표현함으로써, 또 이 세상의 운명을 만들어감으로써 그 수고를 통해 우리 안에 있는 최고의 잠재력을 실현하도록 하신 것이다.

"고독, 가난, 그리고 고통의 세계는 인간을 조롱거리로 만든다"고 버트런드 러셀은 말했다. 그리고 테레사 수녀는, "가난은 하느님이 만드신 것이 아니다. 가난은 당신과 내가 만들어낸 것이다. 가난은 함께 나누지 않은 우리의 책임이다"라고 했다.

한 남자가 번화한 도시를 걷고 있었다. 그러던 중 먹을 것을 구걸하는 아이를 발견했다. 그 아이는 더러운 누더기를 걸치고 있었다.

남자는 화가 나서 하나님께 이렇게 말했다.

"어떻게 이런 일이 일어나도록 내버려두십니까? 왜 이 죄 없는 아이를 도우시지 않으십니까?"

그러자 그의 마음에서 이런 소리가 들려왔다.

"나는 가만히 있지 않았다. 너를 만들지 않았느냐."

위대한 유대학자인 아브라함 조수아 헤첼은 이렇게 적고 있다. '하나님의 꿈은 인간을 그의 창조 사건에 동역자로 삼는 것이다.'

살아가는 매 순간 우리는 이 세상을 보다 나은 곳으로, 보다 포근한 곳으로 만들기 위해 무언가를 할 수 있다. 배고픈 사람에게 먹을 것과 필요한 것을 제공하고, 질병과 싸우고, 환경을 보호하고, 어려운 시기에 친구를 돕고, 친절한 말과 다정한 웃음으로 누군가의 고독을 덜어주면서 말이다. 이것이 바로 삶에 의미를 부여하는 일이며 우리가 추구할 수 있는 가장 고결한 길이다.

"하나님은 우리를 통해 이 세상을 사랑하신다." 테레사 수녀는 이렇게 고백했다.

삶을 깨닫는다 할지라도 우리에게 주어진 책임을 회피한다면 가장 숭고하고 인간적인 그 부분은 결코 채워지지 않을 것이다.

마틴 루터 킹은 이렇게 말했다. "이 세상에 가난이 존재하는 한, 나는 결코 부자가 될 수 없다. 설사 내 손에 10억 달러가 있다 해도 말이다. 이 세상에 질병이 난무해서 수백만 명의 사람들이 20, 30대에 죽어간다면 나는 결코 건강할 수가 없다. 설사 일류 병원에서 건강진단을 받았다 할지라도. 당신이 제대로 모습을 갖출 때까지 난 제대로 설 수가 없다. 세상은 이렇게 만들어져야 한다. 혼자 독립적이라고 자랑할 수 있는 개인이나 국가는 하나도 없다. 우리는 서로 의존적인 존재이다."

인류의 희망과 미래는 상호의존적인 특성을 인식하는 데에 달려 있다. 우리 모두는 삶이라고 불리는 이 귀중한 것의 청지기(하인)이다. 우리 모두는 이 세상에 대해 영향력을 가지고 있다. 우리의 행동 하나하나는 수많은 고리로 연결되어 있다.

간디는 "이 세상이 변화하길 원한다면 당신이 먼저 그렇게 변해라"라고 말했으며, 소크라테스는, "세상을 움직이는 사람들이 먼저 스스로 움직이게 하라"고 했다. 그리고 안네 프랑크는 "세상을 개선하려고 한다면, 단 한순간도 지체할 필요가 없다. 가장 멋진 일을 하는데 기다릴 이유가 있겠는가?"라고 했다.

주여, 가르쳐주옵소서.
당신에게 합당한 헌신이 무엇인지를…,
대가를 생각하지 않고 주는 것을…,
상처를 염려하지 않고 싸우는 것을…,
휴식을 구하지 않고 노력하는 것을…,
오직 당신의 뜻을 행하고 있음을 알며
보상을 바라지 않고 일하는 것을 가르쳐주옵소서.

성 이그나티우스 로욜라(St. Ignatius Loyola)

나는 언제나 우리 모두가
불행에 종지부를 찍을 수 있는 일을 할 수 있다고
굳게 믿어왔다.

알베르트 슈바이처(Albert Schweitzer)

어딘가의 불공평은
모든 곳의 공평을 위협한다.

마틴 루터 킹(Martin Luther King, Jr.)

나는 침묵을 지키겠다는 맹세를 설내 하지 잃있다.
인간이 고통과 모욕을 당할 때는,
때와 장소를 가리지 않고
늘 곁에 있는 어느 한 편을 들어야 한다.
중립은 압제자를 도울 뿐, 피해자를 돕지는 않는다.
인간의 목숨이 위험에 빠지고,
인간의 권위가 위협받는 그곳에(그 순간에)
우리는 보다 많은 관심을 가져야 한다.

엘리 위젤(Elie Wiesel)

# CHAPTER 49

# 보다 나은 세상을
# 만들기 위하여

선한 행동을 미루지 말라.

아일랜드 속담

한 율법학자가 예수에게 물었다.

"선생님, 영생을 얻으려면 어떻게 해야 합니까?"

예수는 이렇게 대답했다.

"율법에는 어떻게 쓰여 있느냐? 그것을 너희는 어떻게 해석하느냐?"

율법학자가 대답했다.

"〈너희의 신이신 여호와를 온 마음과 정성으로, 혼신의 힘을 다해 사랑하고 네 이웃을 네 몸 같이 사랑하라〉고 쓰여 있습니다."

"그 말이 맞다. 그렇게 하면 영생을 얻을 수 있느니라."

예수가 대답했다.

하지만 율법학자는 질문을 계속하며 예수를 물고 늘어졌다. 예수를 교리 논쟁으로 끌어들이기 위함이었다.

"그럼 누가 이웃입니까?"

예수는 착한 사마리아인의 비유를 들어 대답했다.

"예루살렘에서 여리고로 가던 한 남자가 있었느니라. 그는 강도를 만나 매를 맞고 옷을 빼앗기고 죽을 지경에 이르렀다. 마침한 사제가 다친 이 사람을 우연히 발견하였으나 그냥 지나쳤다. 레위(야곱의 셋째 아들)도 마찬가지였다. 하지만 한 사마리아인이부상 당한 그 남자를 발견하고 불쌍한 마음이 들었다. 그는 남자의 상처를 닦고 붕대로 감아준 다음, 자신의 당나귀에 태우고 여관으로 데리고 갔다. 그래서 그가 그곳에서 쉬며 회복할 수 있게하였다. 사마리아인은 여관 주인에게 은화 두 개를 주며 말했다. '이 사람을 잘 돌봐주시오. 내가 돌아가는 길에 이 곳에 들러 모자라는 돈을 드리겠습니다.'"

이렇게 설명한 후에 예수가 율법학자에게 물었다.

"이 세 사람 중에 누가 선한 이웃이라고 생각하느냐?"

율법학자가 대답했다.

"그 사람에게 자비를 베푼 사마리아인이지요."

"그럼 가서 그렇게 해라."

*Strength to Love*라고 하는 설교 모음집에서 마틴 루터 킹은 '인간의 양심'을 보여준 사마리아인의 행동을 세 가지로 나누어 지적하고 있다.

먼저 그의 애타주의는 전 인류적인 것이었다. 그는 희생자의 인종, 종교 혹은 국적을 가리지 않았으며, 오직 희생자가 인간이 며 도움이 필요하다는 것만을 중요하게 생각했다.

둘째, 사마리아인의 애타주의는 위험을 감수한 행동이었다. 예루살렘에서 여리고까지의 길은 도둑들로 들끓었다. 그 길은 산넘어 굽이굽이 난 20마일 길을 가야했다. 그 길에는 공격을 받 을 만한 곳이 많았다. 실제로 손쉽게 약탈을 하기 위해 부상을 가장하여 가짜로 누워 있을 수도 있는 일이었다. 그래서 사제와 레위도 그를 돕지 않은 것이다. 그들은 자신이 위험에 처할까봐 겁을 내고 있었다.

마지막으로 사마리아인의 애타주의는 넘치는 사랑의 결과였 다. 그는 부상당한 사람의 상처를 손수 닦고 붕대로 감아주었다. 남자를 여관으로 옮기고 은화 두 개를 그의 여관비로 지불해주 었다. 은화 두 개는 그 당시 보통 사람의 이틀분 양식과 한 달간 여관에 머물 수 있는 액수였다. 거기에 덧붙여 그는 다시 돌아와 모자라는 돈을 내겠다고 했다. 이 모든 일을 하면서 사마리아인은 법 혹은 일반적인 도덕 기준이 허용하는 선을 넘었다. 그는 사랑의 힘에 감동되어 그런 힘든 일을 한 것이다.

위의 이야기는 우리가 알고 있는 선한 사마리아인의 비유이다. 하지만 이 짧은 이야기는 시대를 초월하여 공감대를 불러일으킨다. '나는 과연 좋은 이웃인가? 인종, 사회적 지위, 종교적 배경에 상관없이 모든 사람들을 인간으로 보고 있는가? 옳은 일을 하기 위해 스스로 위험을 감수할 마음이 있는가? 도움의 손길이 필요한 누군가를 위해 몇 마일을 기꺼이 더 갈 용의가 있는가?'라고 자문하도록 해준다.

베푸는 것은 이 땅에서의 우리의 존재를 고귀하게 한다. 주는 것을 통해 우리는 삶에 참여하고 있으며, 우리가 살고 있는 이 세상에 영향을 미치고 있다. 우리는 하나님이 '하라'고 명하시는 일을 한다. 그것은 육체나 영혼에 상처를 입은 사람 혹은 여리고로 가는 길에 부상당한 사람을 도우면서 하나님의 사랑을 표현하는 일이다. 이런 일은 우리 모두에게 기쁨과 평화의 원천이 될 수 있다. 우리의 영혼이 하늘 높이 날아올라 영원한 존재인 하나님과 만나기 때문이다.

매일매일의 삶에서 사소한 모든 일은
우주의 완벽한 조화의 일부분이다.

리지오의 성 테레즈(St. Therese of Lisieux)

위대한 행동은 사라질 수 없다.
그것은 해와 달과 함께 영원히 빛난다.
해와 달을 올려다보는 사람들을 축복하면서….

알프레드 테니슨(Alfred Tennyson)

인생의 비극은 살아 있는 동안
우리 안에서 무언가가 죽는다는 것이다.
참된 느낌의 죽음, 영감을 받은 반응의 죽음,
다른 사람의 고통이나 영광을 느끼게 해주는 의식의 죽음.

노르만 코진스(Norman Cousins)

삶의 유일한 의미는 인류에게 헌신하는 것이다.

레프 톨스토이(Lev Tolstoy)

할 수 있는 모든 선을 행하라.
할 수 있는 모든 수단을 동원하여,
할 수 있는 모든 방법을 동원하여,
할 수 있는 모든 곳에서,
할 수 있는 모든 시간에,
할 수 있는 모든 사람들에게,
할 수 있는 한 언제까지라도….

존 웨슬리(John Wesley)

# CHAPTER 50

# 모든 것을 포용하는 평화

최고의 지혜는 친절이다.

탈무드(The Talmud)

삶에 대한 책임을 다하고 스스로를 더 깊이 있고 만족스러우며 의미 있는 존재로 만들기 위해 당신이 할 수 있는 일은 무엇인가? 그게 무엇이든 당신은 당신이 하고 있는 일을 이 세상에 대한 선물로 만들어야 한다.

간디, 모차르트, 소크라테스, 혹은 아인슈타인 같은 위인이 되어야만 의미 있는 삶을 사는 것은 아니다. 무엇을 하든, 즉 부모, 의사, 기술자, 사업가, 예술가, 혹은 정치가가 되든, 아니면 또 다른 무엇이 되든 간에 당신은 현재 하고 있는 일을 통해 가장 숭

316

고한 이상을 이루고 다른 사람과 하나님과 삶에 대한 사랑을 표현할 수가 있다.

하지만 앞서 보았듯이 가장 중요한 것은 주는 것이다. '준다'는 것은 우리 자신을 표현하는 방식이며, 주변 세상과 관계를 맺는 방식이다. 전 세계 위대한 종교의 지혜와 가르침은 대부분 '대접받고 싶은 대로 대접하라'는 격률로 요약되고 있다. 탈무드에서도 '나머지는 모두 부가적인 설명일 뿐이다'라고 적혀 있다.

실제로 이 황금률을 따라, 주위 사람들에게 사랑과 친절을 베풀고, 낯선 사람을 돕고, 대접받고 싶은 대로 남을 대접하다보면, 개인적인 한계를 벗어나 인류와 삶으로 관심이 확대된다. 준다는 것은 그 어느 것과도 비교할 수 없는, 초월적인 경험이기 때문이다.

간혹 우리는 양심의 소리에 귀를 막고 온갖 종류의 이유를 붙여 "다른 사람들은 내 호의를 받을 자격이 없어!"라고 합리화한다. 그러면서 이 성공의 황금률을 외면한다. 그 결과 삶의 소중함을 느끼지 못하고, 또 자신의 재능을 세상을 위해 베풀 수도 없게 된다.

우리를 갈라놓는 국경은 임의적인 선이다. 나이와 피부색, 각기 다른 종교와 신념…, 그 너머엔 감정과 고통을 느끼고 훌륭한 일을 하기에 충분한 잠재력을 가진 우리와 똑같은 인간이 살고 있다. 비록 그들 중 꿈을 잊거나 제쳐둔 사람이 있다고 해도 우리 모두는 훌륭한 창조물이다. 사랑과 존경을 받을 가치를 가지고 태어났다. 이 좁은 지구에서 우리는 서로 이웃이다.

유대교의 한 랍비가 제자들에게 밤이 지나고 낮이 시작되는 때를 어떻게 설명할 수 있느냐고 물었다.

한 학생이 대답했다.

"멀리 있는 동물을 보고 그것이 양인지 늑대인지를 분간할 수 있는 때가 아닙니까?"

"좋은 대답이다. 그렇지만 내가 원하는 답이 아니다." 랍비가 대답했다.

"멀리 있는 나무를 보고 그 나무가 올리브나무인지 무화과나무인지를 알 수 있는 때가 아닙니까?" 두 번째 제자가 말했다.

"아니다, 정확한 대답이 아니다."

"저희는 알지 못합니다. 랍비님이 가르쳐 주십시오."

"누군가의 눈을 보고 그가 형제인지 자매인지 알아볼 수 있을 때, 그때가 바로 아침이 되는 때이니라. 이를 구분할 수 없다면 아직도 밤이니라."

테레사 수녀는 모든 사람을 형제자매로 보았으며, 그들의 모습에서 하느님의 신성한 모습을 보았기에 봉사를 시작할 수 있었다. "내가 이 일을 하는 이유는 하느님을 사랑하기 때문이다"라고 그녀는 말했다. "내가 형제들을 위해 무엇을 하든지 그것은 내가 그분을 위해 하는 것이다." 자선사절단과 함께 병들고 가난한 사람들을 돌볼 때에도, 그녀는 사절단원들에게 이렇게 말했다. "여러분은 지금 예수님을 돌보고 있는 것입니다."

예수가 말했다. "내가 배고플 때 네가 먹을 것을 주었고, 내가 목마를 때 네가 마실 것을 주었으며, 이방인인 나를 너희는 반갑게 맞이했다. 내가 벗었을 때 너는 내게 옷을 주었고, 병들었을 때 찾아와 위로해 주었으며, 감옥에 있을 때 면회를 와주었다. 내 형제에게 한 일은 곧 내게 한 것이다." 예수의 이 말은 보잘것없어 보이는 일을 아름다운 헌신의 행위로 승화시킨다.

한때 나는 캘커타에 있는 '가난하고 병든 자를 위한 테레사의 집'에서 일한 적이 있었다. 거기서 아무도 돌보지 않는 사람들, 즉 길에서 만나면 관심조차 두지 않는 환자들의 몸을 닦아주고 옷을 입혀주고 먹을 것을 주고 하나님을 만나 고귀한 죽음을 맞도록 도와주고 그들을 돌보는 일이 얼마나 어려운지를 직접 체험했다.

한번은 한 남자가 들것에 실려왔다. 쥐와 곤충들이 그의 무릎 아래 살을 파먹어 두 다리뼈가 하얗게 드러나 있었다. 그나마 남아 있는 살에는 구더기가 기어다니고 있었다. 우리는 인내와 사랑으로 그를 치료했다. 그를 포기하고 싶었을 때 테레사 수녀의 말이 떠올랐다.

어느 날 한 방문객이 테레사에게 "나 같으면 백만 달러를 준다해도 그런 일을 하지 않을 겁니다"라고 했다. 그때 테레사는 "저도 마찬가집니다. 하지만 하느님을 위해서라면 기꺼이 할 것입니다"라고 말했다고 한다.

다행히 우리 대부분은 그러한 육체적인 고통을 겪지 않지만, 정신적이고 감정적인 고통에 시달리는 사람들은 주위에서 쉽게 볼 수 있다. "사람의 마음을 갉아먹는 구더기가 있다. 외로움과 소외감이 가장 끔찍한 가난이다"라고 테레사 수녀는 말했다.

이런 고통을 겪는 사람은 우리의 가까운 이웃일 수도 있고, 직장 동료나 학교 친구일 수도 있다. 어쩌면 사랑하는 가족일 수도 있다. 이들에게 손을 내미는 것이 바로 하나님께 손을 내미는 것임을 우리는 알아야 한다.

하지만 자신의 문제로 지친 나머지 진심으로 사랑을 느낄 수 없다면, 그래서 베풀 마음의 여유가 없다면? 여기서 C. S. 루이스의 충고에 귀기울일 필요가 있다.

'이웃을 사랑하는지 사랑하지 않는지를 고민하느라 시간을 낭비하고 있지 않은가? 사랑하는 것처럼 행동하라. 누군가를 사랑하는 것처럼 행동하면 그를 정말 사랑하게 된다.'

불행히도 우리에게는 반대의 경우도 엄연히 존재한다. 제2차 세계대전 중의 유태인 학살에 대해 루이스는 이렇게 지적했다. "독일군들은 처음에는 유태인들을 무자비하게 다뤘다. 그들을 증오했기 때문이다. 그후 유태인에 대한 증오는 커져갔다. 왜냐하면 그들을 무자비하게 다뤘기 때문이다. 잔인해질수록 더 미워하게 된다. 또 미워할수록 더 잔인해진다. 이러한 악순환이 영원히 계속된다. 선과 악은 둘 다 배수(倍數)로 늘어난다." 그러므로 선과 악은 하나의 선택이다. 때로 그 선택은 쉽지가 않다.

대접받고 싶은 대로 대접하라는 황금률은 이 시대의 절대적인 명령이다. 어떻게 하면 최선의 삶을 살 수 있는가, 어떤 일을 신념을 가지고 해야 하는가는 단지 지적인 게임의 문제가 아니다. 심지어 어떻게 하면 최고의 행복과 성공을 누릴 수 있는지의 문제보다 더 어렵다.

그것은 생존의 문제이다. 우리는 생존의 위협을 느낄 정도로 위험한 시대에 살고 있다. 부와 권력에 대한 이기적인 욕구를 가지고 있는 우리 인간은 이 세상을 벼랑 끝으로 몰고 갔다. 이상을 저버리고 삶에 대한 방향감각도 상실했다. 하지만 사랑과 동정과 미덕을 보여주기도 했다. 이러한 행동에는 우리의 생존과 행복을 위한 열쇠가 들어 있다. 선과 악. 선택은 우리의 몫이다. 당신은 스스로 결정한 삶의 한가운데서 이 선택에 참여하고 있다.

당신이 가장 싫어하는 것을
당신의 친구들은 싫어하지 않는다.
그것이 핵심이다.
나머지는 모두 설명일 뿐이다.
[유대교] 탈무드(The Talmud)


대접받고자 하는 대로 남을 대접하라.
[기독교] 누가복음 6장 31절(Luke 6:31)


오직 자기만을 사랑하고
형제를 사랑하지 않는 자는 믿음이 없는 자이다.
[이슬람교] 하디트 2장 6절(Hadith(Bukhari) 2:6)


내게 해로운 일을 다른 사람에게 권하지 말라.
[불교] 우다나 바르가(Udana Varga)


이것은 의무이다.
내게 고통스런 일을 다른 사람에게 강요하지 말라.
[힌두교] 마하브하라타(The Mahabharata)


"죽을 때까지 잊지 말아야 할 말이 무엇입니까?"
"바로 호혜주의니라. 네가 하기 싫은 것을 남에게 강요하지 말아라."
[유교] 논어(論語)

"나는 훌륭하고 고상한 일을 하고 싶지만, 보잘것없는 일을 마치 훌륭한 일을 하듯 하는 것이 내가 할 일이다. 이 세상은 영웅들의 강력한 힘뿐 아니라 정직한 노동자들의 작은 힘이 모여서 움직여지는 것이다."

인생의 온갖 역경을 이겨내고, 더 나아가 역경을 아름다움으로 승화시킨 헬렌 켈러가 한 말이다. 비록 앞을 볼 수는 없었지만, 그녀의 영혼은 이 세상의 이치를 훤히 꿰뚫고 있었다.

2002년 여름, 우리는 축제의 분위기 속에서 월드컵 경기를 마쳤다. 흔히 축구를 인생과 비교한다. 축구 경기에 인생의 단면이 녹아 있다는 의미일 것이다. 정해진 그라운드에서 정해진 시간 내에 각 팀 열한 명의 선수들이 혼신의 힘을 다해 같이 뛰는 경기가 축구이다. 골은 그들의 땀과 눈물의 결과이다. 한 선수가 골을 넣기까지, 선수들은 끊임없이 그라운드를 누비며 공격과 수비를 반복해야 하고, 골을 넣은 선수 이전에 어시스트가 있어야 하며, 거기에다가 관중들의 열렬한 응원까지 일체가 되어야 한다. 하나의 골을 넣기까지는 한 골 이상의 의미들이 그 뒤를 지키고 있다. 헬렌 켈러의 말대로, 이 세상은 한두 명의 영웅이 만들어 가는 것이 아니라, 그 뒤에서 보이지 않게 땀을 흘리는 많은 사람들의 땀과 눈물로 움직여지는 것이다.

이 책 안에 담긴 진리들은 저자인 마이클 린버그 혼자만의 생각이 아니다. 그는 현재의 우리에게까지 지속적으로 영향을 미치고 있는 위대한 현인들의 삶을 돌이켜보고, 그들의 지혜를 빌어 이 책을 완성하였다. 따라서 이 책에서 길어 올린 생수는 맑고 깊다. 그 시원함이 마치 공기 좋은 마을 어귀의 우물물과도 같다. 우리가 길을 잃고 방황할 때, 매일 아침 눈을 뜨는 것이 괴로움의 시작으로 느껴질 때, 과거에 대한 후회로 괴로움이 밀려

올 때, 그때 당신은 이 책이 선사하는 진리의 물을 한 모금씩 마실 수 있을 것이다.

이 책은 우리에게 꼭 필요한 지혜들을 전하는 메신저이다. 인생을 어떻게 살 것인가에서부터, 오늘 하루를 어떻게 지낼 것인가의 사소한 문제에 이르기까지, 동양의 새옹지마(塞翁之馬)에서부터 서양 각국의 속담에 이르기까지 풍부한 예를 들며 명쾌하고 구체적인 해답들을 하나씩 짚어준다.

그러면서 저자 마이클 린버그는 우리의 일상을, 우리의 하루하루를 명작으로 만들어보라고 권유한다. 방황하거나 앞사람이 간 길을 무의식적으로 따라가는 것이 아니라, 지금 우리가 있는 이곳에서, 현재의 모습으로, 나를 이 세상에 보내신 이의 뜻을 알아차리고, 인류를 위해 내가 줄 수 있는 재능을 찾아 보답하며 살라는 것이다.

시간은 변함없는 속도로 째깍거리며 제 갈 길을 간다. 우리가 열심히 일을 하고 있는 동안에도, 혹은 우리가 고통과 시련의 시간을 겪고 있는 동안에도 시간은 한순간도 멈추는 법이 없다. 하지만 분명한 것 한 가지는, 우리에게 정말 중요한 시간은 이미 지나가버린 과거의 시간들이 아니라, 지금 우리가 살아가고 있는 현재와 앞으로 다가올 미래라는 것이다. 과거만 보고 머뭇거리기에 우리의 인생은 너무나 짧다. 그렇기에 우리가 이 책을 통해 얻은 열정을 삶에 대한 사랑으로 바꾸기 위해서는 지금 이 순간을 열심히 살면서 희망에 찬 시선으로 미래를 보는 일이 될 것이다. 이 책은 그렇게 살고자 하는 당신에게 보석보다 빛나는 삶의 진리들을 선사할 것이다.

빈센트 반 고흐,
그가 살고 걸어간 길

1853년 (고흐 1세)
3월 30일, 네덜란드 브라반트 지방의 준데르트 마을에서
온화한 성품의 개신교 목사인 아버지 테오도루스 반 고흐
(1822~1885)와 외향적이고 적극적인 성격의 어머니 안나 코
르넬리아 반 고흐 카르벤투스(1819~1907) 사이에서 6남매 가
운데 장남으로 태어나다.

1857년 (고흐 5세)
동생 테오도루스(테오) 반 고흐(1857~1891)가 태어나다.

1861년 (고흐 9세)
준데르트에 있는 공립학교에 입학하다. 이곳에서 4년간 공
부한 후 지벤바겐에 있는 기숙학교로 옮겨 영어, 프랑스어,
독일어를 배우다.

1866년 (고흐 14세)
틸뷔르흐에 있는 중학교로 옮기다.

1869년 (고흐 17세)
7월부터 구필 화랑 헤이그 지점에서 수습사원으로 일하다.
고흐의 삼촌이 세운 미술상이자, 출판사인 이곳에서 고흐의
재능과 열정을 알아봐준 테르스테흐를 만나다.

Self-Portrait with Pipe, 1886

Self-Portrait with Grey Felt Hat, 1886/87

1871년 (고흐 19세)
브라반트에 있는 헤르보이트 교구목사로 임명된 아버지를
따라 이주하다.

1872년 (고흐 20세)
테오와 편지를 주고받기 시작하다. 이후 18년 동안 고흐 형
제가 주고받은 편지가 모두 668통에 이르다.

1873년 (고흐 21세)
구필 화랑 런던 지점으로 발령이 나 런던으로 가던 중 파리
의 루브르 박물관과 뤽상부르 박물관을 방문하다. 하숙집
주인의 딸 유제니 로이어에게 구혼하지만 거절당해 충격을
받다.

Self-Portrait with Straw Hat, 1887

1874년 (고흐 22세)
점차 종교에 관심을 가지게 되다. 잠시 구필 화랑 파리 본사
로 갔다가 곧 런던 지점으로 돌아오다.

1875년 (고흐 23세)
5월에 구필 화랑 파리 본사로 옮기다. 성서를 탐독하며 종교
에 더욱 심취하다. 파리에서의 직장생활에 불만을 갖게 되어
동료들을 비롯하여 고객들과 불화를 자주 겪게 되다.

Self-Portrait, 1887

1876년 (고흐 24세)
상사의 처락 없이 부모 집에 찾아가 크리스마스를 보낸 일로
결국 3월에 직장에서 해고되다. 4월부터 영국의 램스게이트
에서 보조교사로 일하며, 7월부터는 런던 근처의 아일워스
에서 전도사로 일하다.

1877년 (고흐 25세)
네덜란드로 돌아와 도르트레이트에 있는 한 서점에서 일하
다. 가난한 사람들을 위한 선교활동에 관심을 갖게 되어 목
사가 되기로 결심하고 암스테르담으로 가다. 트리페뉘스(현
네덜란드 국립미술관)에서 렘브란트의 작품들을 보다.

Self-Portrait with Straw Hat, 1887

1878년 (고흐 26세)

신학 공부에 어려움을 느끼고 현장에서 직접 복음을 전하고
싶은 열망에 휩싸여 결국 신학대학에 입학하기를 포기하다.
브뤼셀의 라켄으로 가서 전도사가 되기 위한 교육을 받다.
복음주의 신학교를 잠시 다니다가 자신과 맞지 않는다고 판
단하여 에텐으로 돌아가다. 벨기에의 탄광촌 보리나주 와스
메스에서 광부들을 상대로 선교활동을 하다.

1879년 (고흐 27세)

와스메스에서 전도사가 되어 아이들을 가르치고, 병자들에
게 성서를 읽어주다. 가난한 광부들의 삶을 도우려 열정적으
로 일하지만 장로들은 이런 고흐의 모습을 광신적이라 여겨
전도사로 재계약하기를 거부하다. 그림에 관심을 갖고 테오
에게 책과 물감을 사달라고 부탁하다.

Self-Portrait, 1887

1880년 (고흐 28세)

동생 테오가 고흐에게 매달 생활비를 지급하기 시작하다. 선
교활동 대신 광부들의 삶을 스케치하기 시작하며 동생의 의
견을 받아들여 화가가 되기로 결심하다. 해부학과 원근법을
배우러 브뤼셀로 가는데, 그곳에서 네덜란드 화가 안톤 반
라파르트를 만나다.

Self-Portrait in Front of the Easel, 1888

1881년 (고흐 29세)

에텐에 있는 부모 집에서 주변 소재와 인물 및 풍경을 그리
다. 사촌 세이에게 구혼하지만 거절당하다. 크리스마스 무렵
부모와 불화하여 헤이그로 떠나다. 헤이그에서 화가 안톤 마
우버를 만나다.

1882년 (고흐 30세)

안톤 마우버에게 데생과 회화수업을 듣다. 시엔 호르니크와
동거하지만 이 일로 주변 사람들과 멀어지다. 주로 인물과
풍경, 도시 경관을 그리다.

Self-Portrait, 1888

1883년 (고흐 31세)
시엔과 헤어진 후 드렌트로 떠나다. 12월에 부모집이 있는 뉘에넌으로 돌아가 목사관 창고에 아틀리에를 마련하여 그림과 독서에 열중하다.

1884년 (고흐 32세)
밀레의 영향을 받아 방작공을 그리다.

1885년 (고흐 33세)
아버지가 사망하다. 4월 말 〈감자 먹는 사람들〉을 완성하다. 앤트워프로 가다.

Self-Portrait, 1888

1886년 (고흐 34세)
미술 아카데미에 등록하여 수업을 받지만 보수적인 수업방식과 내용에 적응하지 못하고 곧 그만두다. 파리에 몽마르트르에서 테오와 함께 살다. 페르낭 코르몽의 문하생이 되며, 파리에서 에밀 베르나르와 툴루즈 로트렉, 존 러셀을 만나다. 테오를 통해 인상파 화가들을 만나 영향을 받다. 탕기 영감의 화방에서 에밀 베르나르와 친구가 되다.

1887년 (고흐 35세)
르 탱부랭 식당에서 베르나르, 고갱, 툴루즈 로트렉과 함께 자주 전시를 열다. 몽마르트르와 파리 근교 아니에르에서 풍경화를 그리다. 폴 시냐크, 까미유 피사로와 그의 아들 루시앵을 만나다.

Self-Portrait with Grey Felt Hat, 1887/88

1888년 (고흐 36세)
쇠라의 작업실을 방문하다. 도시의 삶에 지쳐 파리를 떠나 프랑스 남부 아를에 도착하다. 아를에서 노란 집의 방 몇 개를 빌려 화가 공동체를 만들려고 하다. 생트 마리드 라 메르에 잠시 머물다. 고갱이 아를에 와서 고흐와 함께 유익한 시간을 보내지만 곧 이들의 관계는 악화되고, 고흐는 정신병 초기 증세를 보이다. 고갱과 예술에 관해 논쟁하다가 고갱이 떠나자 자신의 오른쪽 귀를 잘라내고, 결국 정신병원으로 후

Self-Portrait, 1889

송되다. 고생이 이 사실을 테오에게 알리다.

1889년 (고흐 37세)
병원에서 퇴원하지만 정신 질환이 재발하다. 주민들이 탄원하여 결국 병원 독방에 강제수용되다. 테오는 4월에 요안나 봉허와 암스테르담에서 결혼하다. 아를을 떠나 생 레미에 있는 정신병원에 입원하다. 외로움과 고통 속에서도 작품활동을 계속하다.

Self-Portrait, 1889

1890년 (고흐 38세)
테오 부부가 아들을 낳다. 병원을 나온 후 생 레미를 떠나 파리에 있는 테오를 찾아가다. 가셰 박사의 관찰과 보호 아래 수만은 작품을 그리다. 7월 27일 오베르 부근의 밀밭에서 스스로 가슴에 총을 쏴 폐에 치명상을 입다. 7월 29일 테오가 지켜보는 가운데 생을 마감하여 오베르 공동묘지에 안치되고, 테오 또한 건강이 급격히 나빠져 병원에 입원하다.

동생 테오는 고흐가 죽은 이듬해에 사망하여 위트레흐트에 안치되고, 1914년이 되어서야 오베르 공동묘지에 있는 고흐의 무덤 옆에 안치되다.

Self-Portrait with Bandaged Ear, 1889

Self-Portrait with Bandaged Ear and Pipe, 1889

그림정보

보스턴미술관 소장.

pp. 178~179 빈센트 반 고흐, 〈밀밭과 떠오르는 해Enclosed Wheat Field with Rising Sun〉, 1889, 반고흐미술관 소장.

pp. 184~185 빈센트 반 고흐, 〈추수Harvest〉, 1888, 반고흐미술관 소장.

pp. 196~197 빈센트 반 고흐, 〈초록 포도원The Green Vineyard〉, 1888, 크뢸러뮐러미술관 소장.

pp. 200~201 빈센트 반 고흐, 〈양귀비Poppy Field〉, 1890, 헤이그흐멘테미술관 소장.

pp. 206~207 빈센트 반 고흐, 〈오베르의 포도밭Vineyards with a View of Auvers〉, 1890, 세인트루이스미술관 소장.

pp. 218~219 빈센트 반 고흐, 〈만개한 과수원Orchard in Blossom〉, 1889, 반고흐미술관 소장.

pp. 226~227 빈센트 반 고흐, 〈오베르의 평원Plain Near Auvers〉, 1890, 노이에피나코텍박물관 소장.

pp. 250~251 빈센트 반 고흐, 〈나비와 잡초Long Grass with Butterflies〉, 1890, 내셔널갤러리 소장.

pp. 256~257 빈센트 반 고흐, 〈만개한 과수원Orchards in blossom〉, 1889, 반고흐미술관 소장.

pp. 260~261 빈센트 반 고흐, 〈몽마주르의 일몰Sunset at Montmajour〉, 1888, 반고흐미술관 소장.

pp. 270~271 빈센트 반 고흐, 〈몽마르트 거리 풍경Street Scene in Montmartre〉, 1887, 반고흐미술관 소장.

pp. 278~279 빈센트 반 고흐, 〈수레국화가 있는 밀밭Wheatfield with Cornflowers〉, 1890, 반고흐미술관 소장.

pp. 302~303 빈센트 반 고흐, 〈폭풍이 몰려오는 하늘 아래 풍경Landscape Under a Stormy Sky〉, 1888, 반고흐미술관 소장.

pp. 314~315 빈센트 반 고흐, 〈오베르의 마을 거리와 계단Village Street and Steps in Auvers〉, 1890, 세인트루이스미술관 소장.

# 너만의 명작을 그려라

2002년 10월 5일 1판 1쇄 펴냄
2022년 6월 15일 개정판 3쇄 펴냄

**지은이** 마이클 린버그
**옮긴이** 유혜경
**펴낸이** 김철종

**펴낸곳** (주)한언
**출판등록** 1983년 9월 30일 제1-128호
**주소** 서울시 종로구 삼일대로 453(경운동) 2층
**전화번호** 02)701-6911  **팩스번호** 02)701-4449
**전자우편** haneon@haneon.com
**ISBN** 978-89-5596-781-4  03040

이 도서의 국립중앙도서관 출판예정도서목록(CIP)은 서지정보유통지원시스템
홈페이지(http://seoji.nl.go.kr)와 국가자료공동목록시스템(http://www.nl.go.kr/kolisnet)에서
이용하실 수 있습니다.(CIP제어번호: CIP2017001178)

# 한언의 사명선언문

Since 3rd day of January, 1998

**Our Mission** – 우리는 새로운 지식을 창출, 전파하여 전 인류가 이를 공유케 함으로써 인류 문화의 발전과 행복에 이바지한다.

– 우리는 끊임없이 학습하는 조직으로서 자신과 조직의 발전을 위해 쉼 없이 노력하며, 궁극적으로는 세계적 콘텐츠 그룹을 지향한다.

– 우리는 정신적·물질적으로 최고 수준의 복지를 실현하기 위해 노력하며, 명실공히 초일류 사원들의 집합체로서 부끄럼 없이 행동한다.

**Our Vision**     한언은 콘텐츠 기업의 선도적 성공 모델이 된다.

저희 한언인들은 위와 같은 사명을 항상 가슴속에 간직하고
좋은 책을 만들기 위해 최선을 다하고 있습니다.
독자 여러분의 아낌없는 충고와 격려를 부탁 드립니다.

• 한언 가족 •

## HanEon's Mission statement

**Our Mission** – We create and broadcast new knowledge for the advancement and happiness of the whole human race.

– We do our best to improve ourselves and the organization, with the ultimate goal of striving to be the best content group in the world.

– We try to realize the highest quality of welfare system in both mental and physical ways and we behave in a manner that reflects our mission as proud members of HanEon Community.

**Our Vision**     HanEon will be the leading Success Model of the content group.